"中等收入陷阱"的形成机制与跨越路径研究

潘恩阳 著

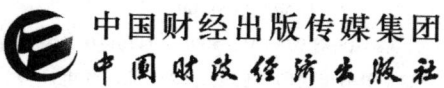

图书在版编目（CIP）数据

"中等收入陷阱"的形成机制与跨越路径研究／潘恩阳著．—北京：中国财政经济出版社，2019.12

ISBN 978 – 7 – 5095 – 9436 – 0

Ⅰ.①中… Ⅱ.①潘… Ⅲ.①中国经济 – 经济发展 – 研究 Ⅳ.①F124

中国版本图书馆 CIP 数据核字（2019）第 249791 号

责任编辑：李昊民 刘孺泾   责任校对：胡永立
封面设计：张 健

中国财政经济出版社 出版

URL：http：//www.cfeac.com
E – mail：cfeac@ cfemg.cn

（版权所有 翻印必究）

社址：北京市海淀区阜成路甲 28 号 邮政编码：100142
营销中心电话：010 – 88191522
天猫网店：中国财政经济出版社旗舰店
网址：http://zgczjjcbs.tmall.com
北京中兴印刷有限公司印装 各地新华书店经销
787×1092 毫米 16 开 14 印张 156 000 字
2019 年 12 月第 1 版 2019 年 12 月北京第 1 次印刷
定价：61.00 元
ISBN 978 – 7 – 5095 – 9436 – 0
（图书出现印装问题，本社负责调换）
本社质量投诉电话：010 – 88190744
打击盗版举报热线：010 – 88190414 QQ：447268889

摘　要

中国经济在经过30多年的高速增长后进入新常态发展阶段，人均国民收入（GNI）增速逐渐放缓，发展过程中的不可持续性因素接连显现。其中，人力资本积累相对不足、自主创新能力有待提高以及资本投资比例不协调，导致效率低下等结构性问题较为突出。如何实现人力资本水平和创新能力的有效提升，推进供给侧结改革以释放更多红利，从而带动中国经济保持中高速增长以跨越"中等收入陷阱"，已成为当今学界关注的焦点。本书围绕人力资本积累和企业创新对跨越"中等收入陷阱"的作用，着重从理论和实证两方面做出积极的努力，探究人力资本与企业创新的互动机制及其对经济增长的具体作用，进一步主张强化人力资本投资水平、提升企业自主创新能力，从而促进人均国民收入稳步增加的政策建议。

在理论部分，本书在新古典增长理论的OLG模型基础上，建立了引致不同国民收入增长率的理论分析框架，主要包括人力资本积累与企业创新互动机制理论分析模型、最适度人力资本积累比例分析模型、人力资本积累与企业创新协同效应影响国民收入理论分析模型。提出不同人力资本积累和创新水平以及两者形成的协同效应，首先会造成经济社会的总产出水平有高有低，进一步还会导致经济增长速度呈现显著差异。当一国长期处于人力资本积累和创新不足条件下，两者形成的消极协同效应会使整个经济社会的人力资本投入和企业研发支出都会比较低，传导至宏观层面将使经济持续处于较低增速的均衡路径，长此以往必然会落入"中等收入陷阱"。

在实证部分，综合中国和北京市人力资本积累和企业创新数据，运用 VAR 模型进行计量检验，结果显示北京市人力资本积累与企业创新存在明显的良性互动，但从全国来看两者的这种互动关系有待加强。进一步通过固定效应面板数据分析国民收入各影响因素的作用程度，研究表明：当前中国人力资本积累和企业创新总体对国民产出上升的带动作用十分明显，同时，较高人力资本积累与创新的良性互动能够促进经济增长，持续保持这种良性互动有利于对"中等收入陷阱"的跨越；而较低人力资本积累与创新的消极互动将阻碍经济增长，长此以往形成的较低增速均衡路径意味着极有可能落入"陷阱"，因而理论模型及其推论得到有效验证。

综合理论与实证研究结果，提出了相应的政策建议，主要包括：优化人力资本投资结构，提升人力资本积累强度；确立企业科创主体地位，增强自主创新能力；积极发挥政府调控作用，完善社会主义市场经济体制等。

Abstract

After more than three decades of high growth, China's economy has entered a new normal. The growth rate of per capita national income (GNI) has gradually slowed down, and the unsustainable factors in the development process have emerged successively. Such as, The relative lack of human capital accumulation, the need to improve the independent innovation ability and the the structural problems of uncoordinated capital investment ratio lead to low efficiency, those problem are particularly prominent. At present, How to achieve an effective increase of human capital and innovation capability, promote supply-side reform to release more dividends, and promote China's economy holding high-speed growth to cross the middle-income trap has become the focus of academic circles. This paper focusing on the role of human capital accumulation and enterprise innovation in leapfrogging the "middle-income trap," from both theoretical and empirical aspect to explore the interaction between human capital and business innovation and its specific role in economic growth. We will further advocate the policy suggestions that strengthening the level of human capital investment and improving the capacity of enterprises' independent innovation, so as to promote on the steady increase of per capita national income.

In the theoretical part, based on the OLG model of neoclassical growth theory, this paper establishes a theoretical analysis framework that leads to different national income growth rates. The analysis framework mainly includes the theoretical analysis model of interaction mechanism between human capital accumulation and enterprise innovation, the optimal proportion of human capital accumulation analysis model, human capital accumulation and anterprise innovation synergy influence national income theoretical analysis model. The results show that different levels of human capital accumulation and innovation, and the synergies between the two factors will lead to different total output levels and further significant differences in the rate of economic growth. When a country has long been the condition that lack of human capital accumulation and innovation, the negative synergies of the two forms will lower the whole economic investment in human capital and r&d spending relatively, conducted to the macro level will keep the economy in a balanced path of slower growth and will fall into the middle-income trap inevitably in the long run.

In the empirical part, based on the comprehensive arrangement of human capital accumulation and enterprise innovation data in China and Beijing, uses VAR model to carry out measurement test, and the results show that there is obvious positive interaction between human capital accumulation and enterprise innovation in Beijing, but this kind of interactive relationship needs to be strengthened nationally. Furthermore, the effects of national income factors were analyzed through the fixed effect panel data. The research shows that the current Chinese human capital accumulation and enterprise innovation have an positive effect on the increase of national output obviously. At the same time, the positive interaction between higher human capital accumulation and innovation can promote economic growth, and sustained this benign interaction is conducive to the leap of middle-income trap. And the negative interaction of low human capital accumulation and innovation will hinder economic growth, it is highly likely to fall into the trap if china has long been in this lower growth equilibrium path. Thus the theoretical model and its corollary are verified effectively.

Based on the comprehensive theory and empirical research results, the following policy suggestions are put forwardin this paper. China should optimizing the human capital investment structure and enhance the strength of human capital accumulation. Efforts should be made to establish the main body position of the enterprise and enhance the ability of independent innovation. The govemrnt should play an active role in regulation and improve the socialist market economy system and so on.

目 录

第一章 导 论 ……………………………………………………………… 1

    第一节 研究的背景与研究的意义 …………………………………… 3

    第二节 概念的逻辑关系、研究方法和研究创新 …………………… 7

    第三节 研究内容、技术路线和数据说明 ………………………… 12

第二章 "中等收入陷阱"的内涵和表征 …………………………… 17

    第一节 中等收入的概念和区间划分 ……………………………… 19

    第二节 "中等收入陷阱"的内涵和时间边界 …………………… 22

    第三节 落入"中等收入陷阱"国家和地区的基本特征 ………… 27

第三章 我国的"中等收入陷阱"风险解析 ………………………… 37

    第一节 中国的经济基本面 ………………………………………… 39

    第二节 中国的劳动生产率增长和人力资本积累状况 …………… 41

    第三节 中国的技术水平发展状况 ………………………………… 44

    第四节 中国与典型落入和跨越"中等收入陷阱"国家的比较 … 50

第四章 "中等收入陷阱"的理论基础 ……………………………… 55

    第一节 马克思主义经济均衡增长理论 …………………………… 57

第二节　西方经济增长理论 …………………………………… 59

第五章　"中等收入陷阱"及其影响因素文献解析 …………………… 75

第一节　现代人力资本理论的发展及其对国民收入增长的影响 … 77

第二节　创新理论及其对国民收入增长的影响 ………………… 82

第三节　"中等收入陷阱"的相关研究进展 …………………… 86

第六章　人力资本积累与企业创新关系的理论与实证研究 ………… 95

第一节　人力资本积累与企业创新的作用和影响 ……………… 97

第二节　人力资本积累与企业创新的理论模型 ………………… 99

第三节　人力资本积累与企业创新互动的实证检验 …………… 105

第七章　人力资本积累、企业创新与"陷阱"的理论模型研究 …… 115

第一节　"中等收入陷阱"理论模型的构建基础 ……………… 117

第二节　"中等收入陷阱"形成的理论模型 …………………… 119

第三节　理论模型的补充说明 …………………………………… 123

第八章　人力资本积累、企业创新与"陷阱"的计量模型研究 …… 129

第一节　指标设定和数据来源 …………………………………… 131

第二节　"中等收入陷阱"影响因素的计量模型选择 ………… 133

第三节　"中等收入陷阱"计量模型结果分析 ………………… 136

第九章　主要结论、政策建议与研究展望 …………………………… 143

第一节　主要结论和突破点 ……………………………………… 145

第二节　政策建议 ………………………………………………… 149

第三节　规避"中等收入陷阱",促进人均国民收入
　　　　提升的补充对策 ………………………………………… 157

第四节　研究展望 …………………………………………… 162

参考文献 ……………………………………………………… 166

附　录 ………………………………………………………… 180

　　附录一 …………………………………………………… 180
　　附录二 …………………………………………………… 181
　　附录三 …………………………………………………… 182
　　附录四 …………………………………………………… 197

第一章

导　论

第一节 研究的背景与研究的意义

一、研究的背景

"中等收入陷阱"（Middle Income Gap）提出于 2006 年，是在经济学家 Gill 等人在世界银行所做的《经济增长观点》报告中首次出现，指一国在人均国民收入（GNI）达到中等收入水平后，以往的发展路径难以保证总产出持续提高，经济较长时期处于增速放缓甚至陷入停滞的状态。纵观历史，在跨越"低收入陷阱"的许多国家中，有的国家在较短的时间内就实现了从中等收入到高收入阶段的迈进，如日本、韩国和新加坡等，成为中等收入国家的时间不超过 30 年；而有的国家却始终处于中等收入阶段，至今没有实现高收入水平，如巴西、乌拉圭、委内瑞拉、阿根廷、墨西哥等拉丁美洲国家，成为中等收入经济体的平均时间超过 65 年。包括泰国、越南、菲律宾和马来西亚在内的部分亚洲国家，在 20 世纪末的金融危机之后，经济增速迅速下滑，也出现了类似拉美国家经济发展所面临的问题。有的国家，如利比亚、黎巴嫩等却滑入了贫困。

从发展经济学的角度来看，一个相对落后国家的技术水平与发达国家最前沿的科技差距越大，通过技术模仿和学习实现进步的可能性越高，经济体很容易突破低收入水平，成为中等收入国家。随着经济体步入中等收入阶段及其自身的技术水平不断上升，与世界先进水平的差距逐渐缩小，再通过简单模仿难以达到原来的高增长水平，又无法成功地应对世界经济波动带来的冲击，从而出现经济增速放缓、回落甚至停滞。提出"中等收入陷阱"的目的就在于警告新兴经济体，若继续维持以往的经济增长模式，必将在未来很长的一段时期处于中等收入水平，走拉美国家的老路。

新中国成立60多年来，中国的经济发展成果有目共睹，2017年中国经济总量接近83万亿元，稳居世界第二大经济体。人均国民收入（GNI）水平逐年攀升，按照世界银行对收入的最新划分标准，人均GNI在1026~12475美元之间的为中等收入国家，2001年中国人均GNI突破1000美元，成功跨过低收入陷阱，成为中等收入国家。人口红利和改革红利使中国迅速摆脱了发展初期一贫如洗的面貌，按照中低收入组与中高收入组4035美元的分界线，2010年增至4300美元，步入中等收入国家的中高收入分组。2016年中国人均GNI达到8280美元，世界排名不断上升。

但还有数据显示，1985年至2010年，中国广义货币供应量（M_2）的平均增长率高达21.9%，比同期GDP（国内生产总值）增长率高12%。也就是说，1985年以来的25年间的经济增长是以货币大量发行、信贷迅速扩张为基础的，而许多相关研究表明，信贷快速扩张是经济危机的重要诱因，并以1929年美国的大萧条为佐证。在这种情况下，经济增速下调是不可避免的。而且2010年以后，中国的GDP再也没有达到国两位数增长，并逐年下行，经济发展进入新常态。[①] 经济增速下滑势头明显，从2010年的10.45%降至2014年的7.4%，2015~2016年的GDP增速均为6.9%，这是从2009年以来再首次跌破7%，尽管2016年中国的人均GDP达到8866美元，而且1978~2013年期间中国GDP的平均增速高达9.58%，然而这种推动经济高速增长的动力机制正在弱化，发展过程中暴露的问题越来越突出。私人投资规模大幅减少、净出口和消费品零售总额增幅较小，使得中国经济在经历了长期较高水平增长后，逐渐显现出"L"型发展的新趋势。

---

① 2014年9月，习近平在APEC工商领导人峰会上指出，中国经济新常态的三个特点：第一，增长速度从过去的高速增长逐步走向中高速增长，实际增量依然可观；第二，经济结构不断优化升级，增长动力更多元；第三，经济增长动力由投资驱动不断向广大人民的创新驱动转变，发展前景更稳定。

除了投资、消费和出口对经济的拉动作用不足以外，经济社会中的一些棘手难题也亟待解决，这与许多国家在中等收入时期的经历是类似的。创新基础薄弱、创新体制和风险投资机制不完善、创业资金支持力度不足等，使得创新成果不多，加之科技成果转化率较低，造成能顺利转化的创新成果较少，对经济增长的贡献较低；资源环境约束问题越发明显，以往大量高能耗、高污染的企业通过结构优化、去产能等方式迅速取缔，而国内新能源产业刚刚起步，产业优势尚不明显，低碳节能的生产方式短时间内不能广泛建成并投入生产，产品竞争力有待进一步提升；东中西部经济发展差距明显，尽管中央和地区政府的政策引导和资金扶持力度较大，但收效甚微，区域发展不平衡引发的人力资源过度集中、教育资源分布不均、收入差距较大等不公平问题长期得不到有效缓解，这些不可持续性因素接连显现，引发了政府、学者和广大群众对于未来中国发展前景的担忧。因此，当前的中国经济社会在跻身中高收入国家行列后，仍然存在落入"中等收入陷阱"的可能，能否成功跨越"中等收入陷阱"已然成为经济研究的重要课题，引起学界的高度关注。

二、研究意义

（一）以社会再生产为切入点丰富"中等收入陷阱"的理论化研究

现有关于"中等收入陷阱"问题的理论研究为数不多，对此本书认为，"中等收入陷阱"问题存在进一步理论化的可能，而且应将中国的"中等收入陷阱"问题纳入经济增长理论框架内，进行更加系统的理论探讨。经济增长是一国总产出水平的增加状况，是一般社会再生产过程的共性实质。据此，当一国经济发展到面临"中等收入陷阱"问题的特定阶段时，应考虑以社会再生产为切入点，探明"中等收入陷阱"的形成机制，使这一宏观经济问题的研究得以在微观基础上开展，可以在一定程度上弥补这一领域的理论空缺，促进"中等收入陷阱"理论的完善。

（二）从人力资本积累、企业创新的视角进行"中等收入陷阱"的机制分析

按照新古典增长理论中 Solow 模型得出的一般性结论，经济体的发展路径可以是趋同的，即经济最终都会进入平衡增长路径。但事实并非如此，许多发展中国家在具备模型假定的条件下，经过多年努力没有成为高收入国家，除了储蓄率，一定存在其他更重要的因素导致发展中国家落入"中等收入陷阱"。人力资本积累和企业创新作为社会再生产过程中的重要因素，自然成为分析"中等收入陷阱"形成机制的关键。事实上，透过外在于"中等收入陷阱"的诸多不利现象，通过构建 OLG 模型，将人力资本积累和企业创新等因素引入模型，从社会再生产过程探讨这一问题，能够明确人力资本积累和企业创新对"中等收入陷阱"的重要影响。

（三）揭示经济发展实践中跨越"中等收入陷阱"所面临的首要问题

中国经济发展已经步入新常态，国家主席习近平多次强调要坚持以提高经济发展质量和效益为中心，提高经济质量、效益的主要途径是提升全要素生产率，而全要素生产率的提升关键在于人力资本积累和企业创新。同时，改革开放以来中国的高速发展还积累了一些其他问题，环境资源的极大破坏，收入分配机制不健全导致的收入差距过大、人口红利消失等因素都是制约中国经济未来发展不可回避的问题。当前中国和许多中等收入国家经济发展确实面临众多障碍，在未能同时进行全力解决的情况下，就应该分清问题的主次，针对主要矛盾予以优先解决。通过人力资本积累和企业创新对"中等收入陷阱"形成机制的理论分析，既然探明了二者对"中等收入陷阱"形成及其跨越的重要作用，就可以运用这一理论机制正确理解中国及许多中等收入国家的经济发展形势，明确国民经济运行过程中人力资本积累和企业创新的实际情况以及其他与本国经济发展有关方面存在的优势和不足，为跨越"中等收入陷阱"对策的提出理清思路。

（四）为中国和其他中等收入国家跨越"中等收入陷阱"提供政策建议

在经济发展过程中，如何增进人均国民收入，不仅是"中等收入陷阱"理论的重要研究课题，更成为世界各国政府职能部门和广大社会群体共同关心的问题。亚洲开发银行在 2012 年研究报告中就指出，亚洲开发银行成员国的 45 个发展中国家中，只有 5 个国家成功跨越了"中等收入陷阱"，有包括中国在内的 33 个国家还处于中等收入水平，泰国、菲律宾和印度尼西亚是亚洲地区陷入"中等收入陷阱"的典型代表，并同时指出中国应警惕落入"中等收入陷阱"的风险。这就需要在认清中国当前发展环境的基础上，找到稳步提升人均国民收入以及成功应对结构性减速、环境资源约束和收入分配不合理等问题的办法。在理清思路的基础上，进行跨越"中等收入陷阱"方案的合理设计；在实践层面上，对于经济发展步入新常态后的中国以及其他中等收入国家，积极应对经济社会面临的挑战，妥善解决因经济高速发展而产生的矛盾，成功规避"中等收入陷阱"风险具有十分重大的现实意义。

第二节 概念的逻辑关系、研究方法和研究创新

一、概念界定和逻辑关系

（一）概念内涵界定

1. 人力资本积累。本书的人力资本积累概念与 Mincer (1958)、Schultz (1960) 和 Lucas (1988) 等的定义相对应，是指劳动者在知识储备、技能、经验和体力构成方面的积累，人力资本积累水平是劳动个体经过人力资本投资的结果，是劳动者受教育水平、劳动熟练程度和道德文化修养等综合能力的体现。人力资本积累与人均国民收入的增加息息相关，正如 Schultz 在人力资本理论中所提出的论断一样，人力资本作为技术进步的能动主体，是创新活动的重要组成部分，可以带动经济增长。总的来说，人

力资本积累是一国经济发展的关键因素，为跨越"中等收入陷阱"问题的研究提供了重要的分析工具。

2. 企业创新。本书采用的企业创新是指企业所主导的新技术的突破及其大规模商业应用，内涵与经济学家 Schumpeter 于 1912 年发表的《经济发展理论》一书中提出的创新接近。进入 21 世纪，在信息技术推动下，知识社会的逐渐形成对创新的影响被进一步认识，科学界不断反思对技术创新的认识，创新被认为是创新主体和创新要素交互作用下的一种复杂涌现现象，是给定环境下技术进步与应用创新的双螺旋结构共同作用的产物。在竞争激烈程度与日俱增的社会环境中，企业的创新能力是其立于不败之地的重要保障，也是一国综合实力的根本体现，是在经济发展过程中能与人力资本积累形成协同效应的重要变量。

3. 中等收入均衡。中等收入均衡是与马尔萨斯均衡和新古典均衡相对应的概念，指一国人均国民收入持续处于中等收入区间的经济发展状态，如果经济社会中的收入水平长期处于这一区间，就可以认定该国落入"中等收入陷阱"。早在 1798 年，托马斯·马尔萨斯就在《人口论》中提出，人类若不控制人口增长则无法改变贫穷的命运，后来有学者将其衍化为"马尔萨斯均衡"或"低水平均衡陷阱"①，指一国人均国民收入长期处于贫困线以下的经济发展状况。20 世纪 50 年代，Solow 提出以技术进步为先导的平衡增长路径，即"新古典均衡"或"高收入均衡"。但直至 21 世纪初，Hansen 等（2002）才将上述两种均衡状态建立联系，形成了完整的分析框架。他们研究发现，随着一国经济不断向前发展，经济社会可以突破马尔萨斯均衡状态并逐步走向新古典"一元经济"状态，而中间这段特征明显的过渡时期就是刘易斯"二元经济"时期。而且，从世界各国经济发展史中发现，大多数国家落入"中等收入陷阱"就在这一过渡时期。需要指出的是，实行计划经济体制的国家虽然有一部分突破了马尔萨斯的"贫困陷阱"，但无一成为高收入国家的先例，因此本书着重研究实行市场经

---

① 纳尔逊（Nelson）于 1956 年提出"低水平均衡陷阱"（low-level equilibrium trap）理论。

济体制国家的"中等收入陷阱"问题。

(二) 概念间逻辑关系

结合研究结果,本书认为人力资本积累与企业创新能力都能在一定程度上促进经济增长,并且二者存在协同效应。如图1-1所示,一方面,人力资本积累和企业创新水平存在策略性互补效应,即积极协同效应。劳动者是企业创新活动的主题,经过投资后的人力资本积累如果能达到一定水平,就能促进企业创新能力的提高,而且获得创新成果的企业可以激励劳动者对其自身进行人力资本投资,从而形成更多符合消费者需求的优质产出,上升至宏观经济层面,发达国家在很大程度上因此实现对"中等收入陷阱"的突破。另一方面,人力资本积累与企业创新存在消极协同效应。人力资本积累不足会抑制企业的创新水平,对于创新能力低下企业,劳动者则改变策略,减少人力资本投资,这种消极的连锁反应最终会导致企业产出能力下降甚至破产,并传导至整个国家经济,导致发展中国家落入"中等收入陷阱"。

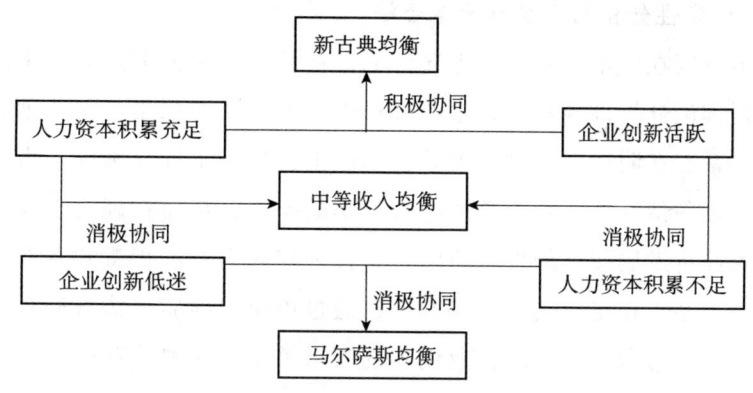

图1-1 概念逻辑关系图

二、研究方法

(一) 系统分析法

本书选题涉及经济增长、人力资本积累、企业创新、交易费用等多个领域，要全面、正确地了解和掌握"中等收入陷阱"的外延和内涵问题，就要求作者运用多学科知识进行综合研究，以较为系统的方法分析人力资本积累和企业创新的相互关系，并在此基础上对"中等收入陷阱"进行机制分析，通过可行的理论模型构建和计量模型检验，提升论文写作的宽度和深度，这首先应该具有比较健全的系统观。

（二）归纳与演绎结合法

围绕"人力资本积累、企业创新在'中等收入陷阱'跨越中的作用研究"这一选题，对该领域知名专家和学者的经典文献进行广泛涉猎，认真学习国内外"中等收入陷阱"方向的典型文章中的研究思路，领悟这些文章处理问题时，在理论分析和实证检验方面采用的先进解决办法。在已有的研究范式的框架下，以简捷、有效的方法，将人力资本积累和企业创新纳入OLG模型，研究"中等收入陷阱"的形成机制，得出具有经济意义且可进一步实现数量关系检验的结论。

（三）定性分析与定量分析结合法

假定一国在以市场机制为主导，不存在社会效率无谓损失的出清环境下，根据理论分析推导社会再生产过程中，人力资本积累与企业创新之间的数理关系，在明确二者逻辑关系的基础上，进一步推导不同人力资本积累和企业创新情况下，社会总产出增长率的差异，从而在理论上揭示中等收入国家经济发展缓慢的根本原因。结合现实人力资本积累和企业创新的计量函数关系，在定性判断的基础上，通过单位根检验、协整检验和格兰杰检验分析人力资本积累和企业创新的因果关系，对整体和区域性人力资本积累和企业创新的协同关系进行定量分析，以VAR模型中的脉冲响应和方差分解，考察人力资本积累与企业创新在计量经济学意义上的相互影响。根据研究结果，进一步通过固定效应模型对面板数据进行分析，得出人力资本积累、企业创新以及二者协同作用下，各影响因素与国民产出的计量关系。

（四）横向比较分析和纵向历史分析法

以20世纪90年代为分界点，改革开放以来的中国在90年代以后，步入全面建设社会主义市场经济的时期,从目前的高收入经济体都是实行市场经济体制的国家的情况入手,着重分析中国在实行市场经济体制新时期,人力资本积累和企业创新等方面的发展变化,在研究方法上体现为纵向历史分析。同时,通过横向比较分析法,以一国实行的经济体制为划分依据,着重分析实行市场经济体制的中等收入国家在人力资本积累和企业创新方面的一般情况,并与典型高收入国家在上述两方面的发展情况进行横向比较,以及不同国家和地区在人力资本积累和企业创新促进增长中人均国民收入的差异化政策对比。

三、研究创新

本书在参考前人有关研究成果的前提下,较为细致地研究了人力资本积累、企业创新以及两者相互作用下与经济发展于不同平衡增长路径的内在联系,创新之处主要体现在以下三个方面。

(一)进一步完善了"中等收入陷阱"研究的理论基础

借鉴新古典增长理论的分析范式,将"中等收入陷阱"问题纳入经济增长分析框架,并以社会再生产为切入点对"中等收入陷阱"进行理论化研究。目前"中等收入陷阱"的大部分国内理论研究成果主要从收入分配差距、全要素生产率、金融结构稳定性和部门异质性等方面入手,而本书则从人力资本积累、企业创新的视角构建OLG模型,先说明人力资本积累与企业创新的内在互动关系,以及最适度人力资本积累的比例情况,进一步分析人力资本积累和企业创新及其互动条件下经济总量的变化情况,并由此说明经济体位于不同均衡增长路径的原因,解释"中等收入陷阱"的产生机制在一定程度上弥补了现有研究的不足。

(二)进一步提升了研究数据的完整性和有效性

本书选取中国和代表性地区人力资本积累、企业创新和"中等收入陷阱"的相关指标,查找中国最新的统计数据,包括近年中国和代表性地区的专利授权数量,研究与开发资金投入、教育资金投入、科技活动人数、固定资产投资总量和医疗与卫生支出总量等,运用统计学相关方法对原始面板数据进行准确处理,构建向量自回归模型、固定效应面板模型对文中涉及"中等收入陷阱"的相关理论分析进行佐证。

(三)运用"中等收入陷阱"理论着重分析中国经济发展面临的实际问题

通过明确人力资本积累和企业创新在跨越"中等收入陷阱"的过程中的作用,解释落入"中等收入陷阱"国家经济现象背后存在的实质性问题,同时反观中国目前的发展状况,重点分析国民经济运行过程中,在人力资本积累和企业创新等方面存在的优势和不足,为中国跨越"中等收入陷阱"政策制定提供有效依据。

第三节 研究内容、技术路线和数据说明

一、研究内容

(一)理论分析

根据已有研究对人均 GNI 影响因素的分析,结合实际,提出发展中国家跨越"陷阱"所面临的主要思路,应围绕经济增长这一核心问题展开。经济增长是一国总产出水平的增加状况,是一般社会再生产过程的共性实质。当一国经济发展到面临"中等收入陷阱"问题的特定阶段时,应考虑以社会再生产为切入点,探明生产过程对经济增长的具体影响。据此,本书在新古典增长理论的 OLG 模型基础上,充分考虑企业创新能力与人力资本积累两项关键因素对国民产出的重要影响,建立引致不同国民收入增长率的理论分析框架,该分析框架主要包括人力资本积累与企业创新互动机制理论分析模型、最适度人力资本积累比例分析模型、人力资本积累与企

业创新协同效应影响国民收入理论分析模型。深入分析人力资本积累与企业创新的内在联系，说明不同人力资本积累水平引致的企业创新能力差异，以及企业创新能力差异对劳动力人力资本积累策略的影响，从而演绎推理人力资本积累和企业创新能力差异综合影响均衡增长路径变化的规范命题。

（二）实证检验

在综合整理中国和各省市人力资本积累、企业创新和经济总量的数据的基础上，以向量自回归方法测算中国与代表性区域中，人力资本积累水平与企业创新能力的数量关系，进一步通过从不同维度衡量的人力资本积累和企业创新等指标共同构成的面板数据，分析国民收入各影响因素的作用程度，重点考察人力资本积累与企业创新以及两者的协同关系对总量经济的具体计量结果。具体包括：一是搜集并处理中国和代表性地区人力资本积累和企业创新的相关数据，描绘人力资本积累和企业创新的变动趋势，突出典型地区在这两方面的比较优势；二是构建向量自回归模型，将整理好的人力资本积累和企业创新数据，按步骤进行单位根检验、滞后阶数确定、格兰杰因果检验以及脉冲响应和方差分解等计量分析，比较中国和代表性区域的人力资本积累和企业创新在向量自回归结果上的差异；三是构建包括研究与开发支出、投资支出、教育支出和国民产出等变量在内的计量模型，分析人力资本积累、企业创新以及两者的协同关系与总产出之间的计量关系，根据实证结果进行归纳和总结，剖析重要节点上实证结果的经济学意义。这部分内容集中于本书中的第四章和第五章。

（三）政策研究

综合理论与实证研究结果，提出切实可行的对策建议，主要观点有：将人力资本积累和企业创新列为跨越"中等收入陷阱"政策重点关注对象；增加政府对科技、文化、教育等领域财政支出助力创新型人力资本积累；按照企业创新能力与人力资本积累产生积极协同效应的标准优化现代企业制度；以完善社会主义市场经济为重点深化经济体制改革等。这部分内容集中于本书的第六章。

二、技术路线

本书的研究思路和各部分之间的逻辑结构图如图1-2所示，并与上文所列出的研究内容相对应。

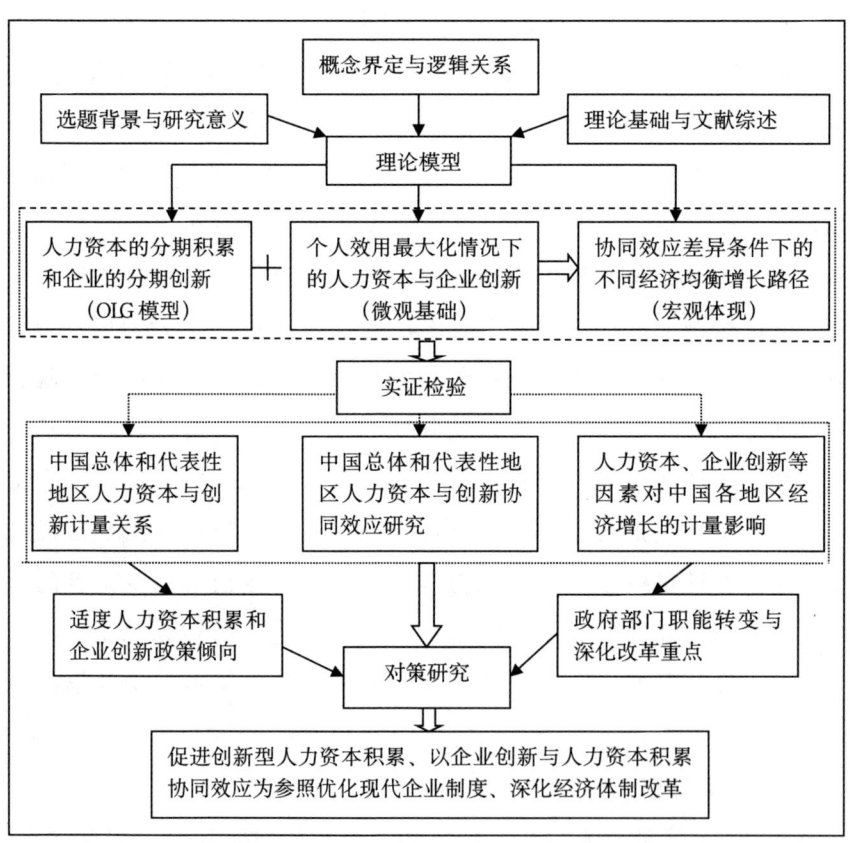

图1-2 本书结构设计图

三、数据资料说明

（一）应用研究文献资料说明

应用研究主要是国内外学者有关人力资本积累和创新及二者经济影响；落入中等收入主要诱因的理论分析和实证研究；中国所面临的"中等收入陷阱"风险等方面的研究文献。这些文献都是国内外公开出版的专著或公开发表的期刊论文。具体文献不在这里一一列出，可详见于本书参考文献部分。

（二）数据资料说明

文中所有数据均源于对外可自主查询的不同类型统计年鉴、官方网站和数据库，由不同阶段的研究内容而定。其中，对中等收入国家、高收入国家和低收入国家进行收入区间划分的数据，主要来自世界银行官方网站公布的资料；中国和北京市企业专利授权数据来自历年的《中国统计年鉴》和《北京市统计年鉴》，科技活动数据来自历年《科技统计年鉴》和中国科技部官方网站公布的资料；区域总产出数据以及测算区域研发投入和人力资本积累所需数据，来自中国各省份的统计年鉴和国泰安数据库；国别对比分析的数据源于《国际统计年鉴》。

这些资料和数据来源真实可信，但就资料运用于研究也不可避免的出现一些问题。这些问题主要是个别地区较早年份的统计数据往往出现缺失的情况，有些不同来源的数据之间由于统计口径不同而存在较大差异等。对此，本书的相关研究通过插值法补充了个别年份的数据，并通过采用最权威部门发布的数据，选取不同来源数据中最可信数据的方法，尽可能提高数据分析的科学性。

第二章

"中等收入陷阱"的内涵和表征

第一节　中等收入的概念和区间划分

一、中等收入的概念

中等收入是与高收入和低收入相关联的概念，对于这一术语的界定由来已久，并且随着经济学研究的不断推进而发生变化。2011 年，Woo 和 Wing Thye 以美国的收入水平为参照，对世界各国所处的收入水平，按照以下方法进行了定义：第一步，他们将不同国家与美国的收入比值定义为赶超指数；第二步，将赶超指数低于 0.2 的国家认定为低收入国家，将赶超指数介于 0.2 和 0.55 之间的国家认定为中等收入国家，将赶超指数大于 0.55 的国家认定为高收入国家。[①] Robertson 等于 2013 年对收入阶段进行了类似定义，认为中等收入国家的数值应介于 0.08~0.36 之间。与上述学者对不同收入进行划分的方法相比，世界银行对中等收入的定义则更有说服力。

二、中等收入的区间划分

1987 年，世界银行首次采用人均国民收入（GNI）这一指标对世界各国的收入水平进行划分，该机构将各个国家的人均国民收入换算成美元，并综合考虑其与贫困发生率等指标的联系，确定当年不同收入阶段的分界线。以后每年的收入分界线划定，主要依据欧美等发达国家的平均通货膨

---

① 资料来源：http://www.nottingham.ac.uk/gep/documents/lectures/world-economyasia-lectures/world-econ-asia-wing-thye-woo-2011.pdf.

胀水平进行调整。① 1987~2016 年世界银行对人均国民收入的阶段划分（见表 2-1）。

表 2-1　　1987~2016 年世界银行对人均国民收入的阶段划分

单位：美元

年份	低收入区间（低于）	中等收入区间		高收入区间（高于）
		下中等收入	上中等收入	
1987	480	481~1940	1941~6000	6000
1988	545	546~2200	2201~6000	6000
1989	580	581~2335	2336~6000	6000
1990	610	611~2456	2466~7620	7620
1991	635	636~2555	2556~7910	7910
1992	675	676~2695	2696~8335	8335
1993	695	696~2785	2786~8625	8625
1994	725	726~2895	2986~8995	8995
1995	765	766~3035	3036~9385	9385
1996	785	786~3115	3116~9645	9645
1997	785	786~3125	3126~9655	9655
1998	760	761~3030	3031~9360	9360
1999	755	756~2995	2996~9265	9265
2000	755	756~2995	2996~9265	9265
2001	745	746~2975	2976~9205	9205
2002	735	736~2935	2936~9075	9075
2003	765	766~3035	3036~9385	9385
2004	825	826~3255	3256~10065	10065
2005	875	876~3465	3466~10725	10725
2006	905	906~3595	3596~11115	11115
2007	935	936~3705	3706~11455	11455
2008	975	976~3855	3856~11905	11905
2009	995	996~3954	3946~12195	12195
2010	1005	1006~3975	3976~12275	12275
2011	1025	1026~4035	4036~12475	12475
2012	1035	1036~4085	4086~12615	12615
2013	1045	1046~4125	4126~12735	12745
2014	1045	1046~4125	4126~12745	12735
2015	1025	1026~4035	4036~12475	12475
2016	1005	1005~3955	3956~12235	12235

数据来源：根据世界银行公开数据整理而成。

---

① 资料来源：http://data.worldbank.org/about/country-classifications/a-short-history。

从表 2-1 中可以发现,世界银行在 1987 年至 1989 年期间,没有对中等收入与高收入间的分界线（6000 美元）进行调整,这一分界线直至 1990 年才开始发生变化。到 2015 年,世界银行连续 26 年按当年价格对四个收入组的分界线进行了确定,虽然不同年份的收入分界线因发达国家的通胀水平而有所差异,但从实际人均国民收入的角度来看,历年的中等收入区间是相对固定的。然而,认定一个国家处于中等收入水平多长时间为落入"中等收入陷阱"这一问题的研究,需要从更长的历史时期加以考察,以世界银行仅仅 26 年的收入划分基准,并且没有合适的通货膨胀指数用于计算 1987 年之前的收入划分基准,要据此对世界上落入和跨越"中等收入陷阱"国家进行判断显然有些捉襟见肘。好在多数市场经济国家和地区的人均 GDP 与人均国民收入在数值上非常相近,同时鉴于人均 GDP 数据的可得性优势,所以,人均 GDP 自然成为划分不同国家收入区间的关键指标。

Felipe 参照 Maddison[①] 的研究,以世界银行公布的历年收入区间划分基准为依据,计算出以 1990 年价格不变的实际人均 GDP 收入区间分界线。其中,低收入与下中等收入的分界线为 2000 美元；下中等收入与上中等收入的分界线为 7250 美元；上中等收入与高收入的分界线为 11750 美元。Felipe 的研究思路主要分以下几点：第一,确定 10080 组收入分界线,[\$2000、\$7250、\$11750]只是 10080 组中的一组；第二,分别统计每一组收入分界线划分下低收入、下中等收入、上中等收入和高收入国家的数量,将 1987 年至 2010 年相同类型国家的数量合并,以得到每组收入划分标准下的取值并将其定义为变量 B_i（$i=1, 2, \cdots, 10080$）；第三,以世界银行的收入划分为标准得出相应取值并将其定义为 A,通过相关性分析得出 B_i 与 A 的相关系数（COV_i）,最大的 COV_i 所在的收入分组即所要确定的最合理划分基准,由 Felipe 的实证结果可知,[\$2000、\$7250、

---

① 资料来源：http://www.ggdc.net/MADDSION/oriindex.htm。

$11750]所对应的相关系数最大,从而成为具有经济学理论和实证依据的分界线。2012年以后也相继有很多学者在确定收入区间界限划分上进行了不同尝试,但都沿用了Felipe的研究思路,本书从逻辑一致性角度出发,也借鉴他的方法,对中等收入区间以及"中等收入陷阱"的内涵进行解析,得出的人均GDP划分区间见附录。事实上,根据世界银行对收入分组的情况来看,中等收入国家的界定还受到当年人均GDP在世界范围的排序影响,中等收入国家是一个动态的概念。

第二节 "中等收入陷阱"的内涵和时间边界

一、"中等收入陷阱"的内涵

经济增长是世界各国探索本国经济社会前进道路的首要议题。1945年以来,许多国家经历了经济高速增长的战后重建时期,如愿地推进了本国的工业化水平,人均国民收入快速提高,步入中等收入国家的行列。然而,这些国家中的大多数从中等收入向高收入迈进的征程中,由于难以突破有关的技术和创新瓶颈、体制变革滞后、宏观经济政策偏差等因素,经济政策的制定不能在较长时期很好地适应经济社会的快速发展,社会中的矛盾由于不能得到妥善解决而逐渐积累并开始显现,从而制约国民经济进一步向前发展,造成经济增速放缓甚至停滞,人均国民收入增长缓慢,落入"中等收入陷阱"。这一概念最早于2006年由世界银行经济学家英德米特·吉尔等人在《东亚复兴:经济增长观点》报告中提出,以阐释经济体在人均收入达到中等收入水平后,经济增长乏力,难以成为高收入国家所面临的窘境。

经济学界普遍认同刘易斯的"二元经济"两个阶段的划分:先是劳动

力供给过剩时期，此时的劳动者工资由维持生活所需的物质资料价值决定；其后是供给不足时期，由于现代工业部门相对于传统农业部门不断扩大并快速发展，对劳动的需求超过了人口的增长，可以完全吸收农村剩余劳动力，此时工资水平取决于劳动的边际生产力。根据世界银行2016年对于中等收入的最新划分标准，本书认为经济体在刘易斯"二元经济"的第一发展阶段时的基本特征符合下中等收入国家的标准；在"二元经济"的第二发展阶段时的人均国民总收入水平大致符合上中等收入国家的标准。

Garrett（2009）指出，发达经济体由于科技创新变得更富裕，贫困经济体凭借低端产品制造上的生产成本优势甚至增速更快，而处于中等收入水平的经济体增长乏力[①]。Spiegeil（2010）通过对比分析世界各国经济增长率后指出，在经济全球化前后，以人均国民收入由高到低排序的各国经济平均增速，显示出先下降后上升的"U"形趋势。由此，本书将"中等收入陷阱"的理论含义进一步概括如下，既未形成发达国家以知识积累和科技进步为主导的创新型经济发展模式，又不具备贫困国家的低生产成本优势，而陷入经济增长动力不足，国民收入上升缓慢的局面。此外，青木昌彦的研究将东亚经济发展分为5个阶段，其中的第三个阶段（K阶段）就是刘易斯的"二元经济"阶段，他认为完成阶段之间由低到高的跨越并非易事。所以，"中等收入陷阱"命题之所以成立，正是因为由中等收入向高收入跨越存在诸多阻碍，使一些经济体徘徊期间、长期没有起色的一种经济现象。

二、"中等收入陷阱"的时间边界

根据上文对"中等收入陷阱"内涵的表述，本部分进一步对其时间边界进行初步厘定。由于学界对"中等收入陷阱"的定义不尽相同，因而对于一个国家处于中等收入区间达到多少年被认定为落入"中等收入陷阱"

[①] 源于Geoffrey Garrett的论文The Financial Crisis, Chimerica and Global Governance, 被收录于《北京论坛》（2009）论文集的第117页至第137页中。

的判定方法也有所区别。但是，大部分学者所采用的方法近乎相同，就是将各个国家在上中等收入区间和下中等收入区间的时间进行加总，用以确定"中等收入陷阱"的时间边界。Felipe（2012）推算出的时间是42年；国内学者秦佳（2014）推算的时间是43年；而陶振全（2016）则认为这一时间不应超过30年。鉴于已有学者从不同角度出发对落入"中等收入陷阱"时间进行的推算出结果有所差异，本书认为应该对这一时间进行再次测算。

本书在时间测算过程中与以上学者的不同之处在于：本书主要研究的"中等收入陷阱"问题只针对实行市场经济体制的国家，因而在测算时间年限时，主要选取有代表性的市场经济国家为样本，并且由于数据的可得性原因以及对于一些人口相对较少（人口总数小于100万）、产业单一（沙特阿拉伯、毛里求斯等）或依靠国际援助的国家而言，其经济发展容易受到外界的影响而剧烈波动，因而这些国家也不予考虑。本书按照Felipe对中等收入区间的划定［＄2000、＄7250、＄11750］，对1950～2016年典型市场经济国家和地区是否处于中等收入水平进行划定，结果如表2－2所示。

表2－2　市场经济国家和地区处于中等收入区间的发展历程

市场经济国家和地区处于中等收入区间的发展历程（年）							
国家和地区处于中低收入阶段的历程				国家和地区处于中高收入阶段的历程			
国家和地区	起始年份	结束年份	停留时间	国家和地区	起始年份	结束年份	停留时间
中国	1992	2004	12	日本	1968	1977	9
韩国	1969	1988	19	韩国	1988	1995	7
希腊	1951	1971	20	新加坡	1978	1988	10
土耳其	1955	2005	50	澳大利亚	1964	1976	12
阿曼	1968	2001	33	比利时	1961	1973	12
哥斯达黎加	1952	1996	45	丹麦	1953	1968	15
马来西亚	1969	1996	27	芬兰	1964	1979	15
中国台湾	1976	2004	28	法国	1960	1971	11
巴西	1975	2005	25	德国	1960	1973	13
哥伦比亚	1979	2007	28	阿根廷	1961	2011	50
墨西哥	1974	1997	23	爱尔兰	1975	1990	15
委内瑞拉	1960	2004	44	意大利	1963	1978	15
牙买加	1986	2005	19	挪威	1961	1975	14

续表

市场经济国家和地区处于中等收入区间的发展历程（年）							
国家和地区处于中低收入阶段的历程				国家和地区处于中高收入阶段的历程			
国家和地区	起始年份	结束年份	停留时间	国家和地区	起始年份	结束年份	停留时间
厄瓜多尔	1990	2016	26	荷兰	1955	1970	15
保加利亚	1953	1973	21	葡萄牙	1978	1996	18
泰国	1976	1992	17	西班牙	1973	1990	17
伊朗	1959	2003	45	瑞典	1954	1968	14
约旦	1956	2006	51	乌拉圭	1975	2010	35
斯里兰卡	1983	2009	27	智利	1992	2010	18
塞舌尔	1951	1991	41	以色列	1969	1986	17
中位数			28	中位数			15
处于下中等收入的平均时间			29.75	处于上中等收入的平均时间			16.5

数据来源：根据 Maddision 数据库和世界银行公布的数据整理而成。

从表 2-2 中可以发现，20 个处于下中等收入区间的国家和地区中，中国跨越下中等收入的过程最为迅速，而保加利亚则最慢。停留时间最长的 5 个国家分别是保加利亚（53 年）、约旦（51 年）、土耳其（50 年）、伊朗（45 年）、哥斯达黎加（45 年）；停留最短的 5 个国家分别是中国（12 年）、泰国（17 年）、韩国（19 年）、牙买加（19 年）、希腊（20 年）。20 个国家的地区跨越下中等收入的平均时间为 29.75 年，中位数为 28 年。虽然 Felipe 等学者认为，如果以平均时间作为评判标准，可能出现因这一指标计算得出的数值较大而使一些国家"摆脱"陷阱，所以将中位数作为基准来衡量一国是否落入"中等收入陷阱"。但是本书认为，由于各个市场经济国家的发展方式虽然在相同发展阶段趋于一致，但仍有其特殊性，以中位数作为衡量中等收入区间的指标，夸大了个别国家经济发展的特殊性，而忽略了所有被考察的市场经济国家发展的普遍性特征。同时，本书对处于下中等收入区间的国家进行统计的过程中选取的样本量足够多，使得中位数与平均数之间的差异不大。综合考虑，本书以平均数为依据，认为当一国处于下中等收入区间的时间超过 30 年时，那么该国即落入了下"中等收入陷阱"。

由表 2-2 还可以发现，20 个处于上中等收入区间的国家和地区中，韩国跨越上中等收入的时间最短,乌拉圭跨越中等收入的耗时最长。停留时间最长的 5 个国家分别是乌拉圭（35 年）、希腊（28 年）、智力（18 年）、葡萄牙（18 年）、西班牙（17 年）；停留时间最短的 5 个国家分别是韩国（7 年）、日本（9 年）、新加坡（10 年）、法国（11 年）、澳大利亚（12 年）。20 个国家和地区跨越上中等收入的平均时间为 16.5 年,中位数为 15 年。对此,本书依据上文的分析逻辑,依然选择平均数作为上中等收入区间的衡量指标,当一国处于上中等收入区间的时间超过 17 年时,认定该国落入上"中等收入陷阱"。从总体上看,将两个阶段的时间（29.75 年与 16.5 年）进行加总并四舍五入,本书得出一般性结论：如果经济体处于中等收入区间超过 46 年,那么该经济体应被认定为落入"中等收入陷阱"。

表 2-3　　　　　　　落入中等收入阶段的典型拉美国家

国家	处于下中等收入区间		处于上中等收入区间		2016 年人均 GDP	处于中等收入区间年数
	时间段	年数	时间段	年数		
巴西	1958~1995	38	1996~2016	20	8727.00	58
哥伦比亚	1950~2003	54	2004~2016	12	7397.81	66
墨西哥	1950~2007	28	1978~2016	38	10113.73	56
委内瑞拉	—	—	1950~2016	66	5821.28	66
哥斯达黎加	1952~1996	45	1997~2016	19	11825.00	63
厄瓜多尔	1954~2010	56	2010~2016	6	6698.63	62
古巴	1955~2008	53	2008~2016	8	7593.00	61
巴拉圭	1971~2016	46	—	—	4080.00	46
玻利维亚	1967~2016	48	—	—	3105.00	49
特立尼达和多巴哥	1950~1956	7	1957~1998	42	15377.00	49
阿根廷	1950~1960	10	1961~2011	50	12449.00	60
秘鲁	1950~2007	58	2008~2016	8	6046.00	66

数据来源：根据世界银行公开数据整理而成。

如表 2-3 所示,按照上文所确定的时间基准,着重对南美洲的市场经济国家进行了仔细筛选,得出了 12 个比较有代表性的南美国家,并分别对这些国家处于上中等收入区间、下中等收入区间以及处于中等收入阶段的总体时间进行了一般性统计。此外,表 2-3 还列出了这些国家 2016 年的人均 GDP 水平。可以发现,墨西哥、巴西和哥伦比亚 3 个国家虽然落入"中等收入陷阱",但以 2016 年的数据来看,是人均 GDP 比较高的国家。

当然南美洲国家中包括乌拉圭、智利和阿根廷等曾经落入过"中等收入陷阱",目前都已经成为高收入国家。

第三节 落入"中等收入陷阱"国家和地区的基本特征

增长是世界各国开辟经济上升通道所关注的焦点,依据上文分析,"中等收入陷阱"就是经济体在突破马尔萨斯均衡后,以往的经济发展方式难以为继,促进增长的新动能又尚未形成,国民产出增长乏力,人均国民收入长期处于中等收入区间的发展状态。显而易见,落入"中等收入陷阱"的国家必然在人均 GDP 增长率、全要素生产率和人力资本等方面具有共性,并且这些国家所体现出的特征应与高收入国家存在明显反差。

一、人均 GDP 增长率较低

人均 GDP 增长率一般是指某一经济体国民产出的年度增速。根据上文已经从人均国民收入(GNI)和人均国内生产总值(GDP)两种角度对中等收入区间和"中等收入陷阱"内涵进行的界定,在不考虑其他因素的条件下,仅仅以人均 GDP 衡量一国落入跨越中等收入陷阱期间的特征,可以推测出的结论是:一国人均 GDP 增速较低是落入"中等收入陷阱"的特征之一;反之,如果一国的 GDP 增速较高,那么该国应该即将或者已经成为高收入国家。但各国经济的具体表现是否与上述推测结论保持一致呢?可以从下文的图示①中一探究竟(见图 2-1、图 2-2)。

---

① 该图示是引用学者秦佳的研究成果。

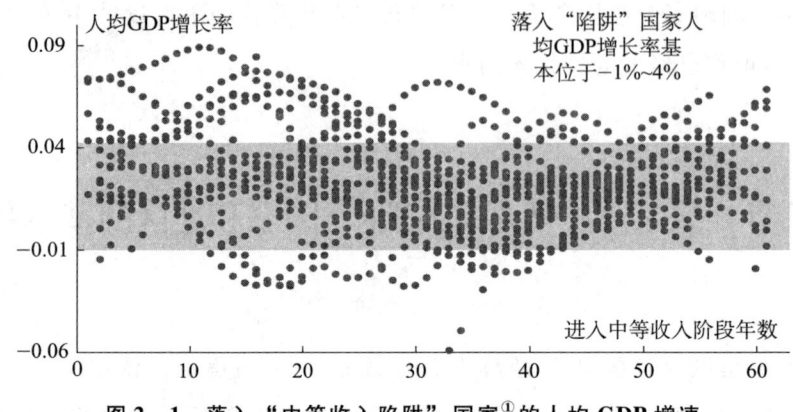

图 2-1　落入"中等收入陷阱"国家①的人均 GDP 增速

由图 2-1 可知，在近 60 年的时间里，落入"中等收入陷阱"国家所表现出的经济增长较为乏力，与该时期对应的平均增速约为 1.99%。大多数国家在大部分时间处于灰色增长区域，增速大致在 -1% 到 4% 之间。即使出现增速大于 4% 的情况，时间也不超过 20 年随后又陷入低增长时期，而且较高增速大都出现于该国刚刚成为中等收入国家之时，这对一国跨越"中等收入陷阱"来说无异于昙花一现。

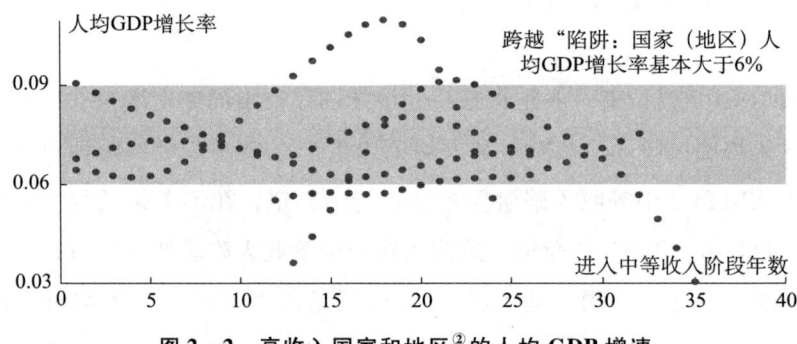

图 2-2　高收入国家和地区②的人均 GDP 增速

---

① 图中"落入'中等收入陷阱'国家"包括：阿尔巴尼亚、阿根廷、玻利维亚、巴西、巴拿马、秘鲁、保加利亚、波兰、哥伦比亚、罗马尼亚、黎巴嫩、马来西亚、墨西哥、南非、葡萄牙、萨尔瓦多、土耳其、危地马拉、乌拉圭、希腊、匈牙利、叙利亚、牙买加、智利。

② 图中的高收入国家为韩国、日本、新加坡，高收入地区包括中国台湾和中国香港。

由图2-2可知，在高收入国家跨越中等收入区间的过程中，人均GDP增速基本高于6%，大部分时间处于灰色增长区域，即6%~9%之间，图中5个国家在这一时段的平均增速高达6.04%。因此，较高的人均GDP增速应该成为经济体跨越"中等收入陷阱"的优势之一，而对于落入"中等收入陷阱"的经济体而言，则具备人均GDP增速相对较低的特征，从而使本小节初所推测的结论得以验证。

从以人均GDP划定的中等收入区间［＄2000，＄11750］来看，一个国家要在46年之内跨越"中等收入陷阱"，平均GDP增速应该达到4.01%。因此，上述中等收入国家落入"陷阱"的原因之一在于本国人均GDP增速不达标。

二、劳动生产率增长乏力

"鲍默效应"[①] 指出，一国的产出水平与劳动生产率正相关。同时，从已有研究发现，一国劳动生产率对人均GDP增长率的解释能力是其他指标所不具备的。秦佳（2014）围绕上述两者的关系，对部分落入"陷阱"的中等收入国家和高收入国家进行研究发现：跨越"陷阱"的高收入经济体在处于中等收入区间时，劳动生产率增速可以解释人均GDP增速的程度高达70%；落入"陷阱"的经济体在中等收入区间时，这一解释程度更高达82%。因此，劳动生产率变动是国民收入变动的最重要影响因素。从而可以推断：落入"陷阱"的中等收入经济体应具备劳动生产率较低的特征，跨越"陷阱"的高收入经济体劳动生产率则相对较高。为了验证上述观点，本书做了如下努力（见表2-4）。

---

① 1967年经济学家鲍默（Baumol）在不平衡增长理论中讨论了国民产出与劳动生产率的关系，后被称为"鲍默效应"而广泛使用。

表2-4　两种类型经济体在中等收入区间的劳动生产率变化情况

单位：%

落入陷阱经济体在中等收入区间的劳动生产率年均增速：2.0						
国家和地区	年均增速	国家和地区	年均增速	国家和地区	年均增速
巴西	2.2	萨尔瓦多	0.03	波兰	2.9
玻利维亚	0.2	墨西哥	1.5	葡萄牙	3.8
阿根廷	1.4	巴拿马	2.1	罗马尼亚	4.8
智利	1.7	乌拉圭	0.8	南非	0.4
哥伦比亚	1.4	希腊	3.2	叙利亚	2.4
阿尔巴尼亚	2.3	危地马拉	0.9	马来西亚	3.4
保加利亚	3.4	匈牙利	2.8	土耳其	3.5
秘鲁	1.5	牙买加	0.2	黎巴嫩	0.47
高收入经济体在中等收入区间的劳动生产率年均增速：5.1						
国家和地区	年均增速	国家和地区	年均增速	国家和地区	年均增速
韩国	5.9	日本	7.6	新加坡	4.7
中国台湾	5.1	中国香港	2.1		

数据来源：http//esa.un.org/unpd/wpp/Excel-Data.htm。

在表2-4中，落入"陷阱"的中等收入国家的劳动生产率年均增速只有2.0%，而高收入经济体在中等收入区间的相应数值高达5.1%，后者是前者的2.5倍。回顾上一小节中进行人均GDP增速分析时得出的测算结果，一国要跨越"中等收入陷阱"，相应增速必须达到4.01%。要达到这一人均GDP增速，劳动生产率增速至少要高于4.01%才行，而几乎所有落入"中等收入陷阱"的经济体的劳动生产率增速都低于这一比例，从平均值（2.0%）来看只达到了所要求增速的一半。而高收入国家在中等收入阶段时的表现则与之形成了较大反差，劳动增长率均值高达5.1%。根据上文分析，在两种类型国家的劳动生产率对人均GDP都具有较高解释能力的情况下，二者的经济遭遇也就不足为奇，即劳动生产率较高的经济体自然会成为高收入国家，而劳动生产率较低的经济体必然会落入"中等收入陷阱"。

三、人力资本积累不足

一般来说，经济体的劳动生产率变化主要源于两个方面：一方面取决于人力资本积累水平高低；另一方面由经济社会中以全要素生产率和科研创新能力表示的技术水平决定。回顾历史，在人力资本积累方面，世界各国突破低收入均衡后，人口转型与劳动力增加人力资本积累总是相伴出现，Galor 和 Tsiddon 等（1997）学者发现这一现象并经过研究指出，根本原因在于人力资本在社会生产中的作用日益提升。发达国家能突破"中等收入陷阱"，是否由于人力资本积累水平较高？而中等收入国家落入"陷阱"是否因为人力资本积累水平低下呢？接下来，本书就对两种类型国家的人力资本积累水平进行比较。

在进行人力资本积累水平比较之前，应该对相应的标准进行简单说明。从人力资本积累的方式上看，人力资本投资支出应该是最合适的衡量指标，但由于数据可得性方面的原因而作罢；从已有的研究来看，大多数学者选取受教育年限对其进行测度。当然，还有学者试图运用教育质量的国别进行比较，通过打分的方式对人力资本积累情况进行评判。Barro 等（2013）以一国超过 15 岁人口接受正规教育的人口为基础，估测出世界各国人口的平均受教育年数，并以此作为衡量人力资本积累的主要依据。但是他们的数据以每 5 年为间隔进行统计，由于数据在每个时点上无法接续，因而不能通过两类国家在中等收入阶段的平均受教育年限均值进行比较研究。所以，本书基于确保较长时期国际比较可行性这一出发点，继续沿用以往学者的研究方法，选取平均受教育年限为测度指标，并通过两类国家刚成为中等收入经济体时的平均受教育年数均值加以比较分析。

表 2-5　　1950~1985 年落入与跨越陷阱的经济体平均受教育情况

国家和地区	1950 年	1955 年	1960 年	1965 年	1970 年	1975 年	1980 年	1985 年
落入"陷阱"经济体成为中等收入国家时（有 *** 标注）均值：3.8									
巴西	1.5	1.8	2.1***	2.4	2.8	2.6	2.8	3.8
玻利维亚	2.5	2.8	3.1	3.6	4.0***	4.6	5.5	6.4
阿根廷	4.8***	5.2	5.7	5.9	6.3	6.7	7.3	7.9
智利	4.8***	5.0	5.2	5.7	6.1	6.6	7.0	7.7
哥伦比亚	2.3***	2.7	3.1	3.4	3.9	4.4	4.9	5.5
阿尔巴尼亚	4.7	4.9	5.1	5.4	5.9***	6.6	7.3	8.4
保加利亚	5.2	6.0	6.4	6.3	7.4***	8.0	8.4	8.8
秘鲁	3.1***	3.3	3.5	4.0	4.6	5.5	6.2	6.7
萨尔瓦多	1.5	1.7	2.0	2.4	2.8	3.2	3.6	4.2

续表

国家和地区	1950年	1955年	1960年	1965年	1970年	1975年	1980年	1985年
落入"陷阱"经济体成为中等收入国家时（有***标注）均值：3.8								
墨西哥	2.4***	2.6	2.8	3.2	3.6	4.2	4.9	5.7
巴拿马	3.8	4.2***	4.6	4.9	5.2	5.9	6.7	7.3
乌拉圭	4.3***	4.6	4.8	5.2	5.7	6.2	6.7	7.3
希腊	4.1***	5.5	7.4	6.4	6.5	6.8	7.1	7.9
危地马拉	1.3***	1.4	1.5	1.5	1.8	2.1	2.9	3.2
匈牙利	7.2***	7.3	7.5	7.7	8.2	8.7	9.1	9.0
牙买加	3.6	3.7	3.8	4.4	4.8	5.4	6.1	6.6
波兰	5.4***	5.7	6.0	6.6	7.1	7.6	8.1	8.5
葡萄牙	2.7***	2.9	3.2	3.5	3.8	4.7	5.5	6.2
罗马尼亚	4.4	4.7	5.2***	5.7	6.8	7.8	8.3	8.8
南非	4.2***	4.3	4.4	4.5	4.6	4.9	5.1	5.1
叙利亚	1.0***	1.1	1.4	1.7	2.2	2.8	3.5	4.2
马来西亚	2.1	2.4	2.8	3.4	4.2***	4.8	5.8	6.7
土耳其	1.1	1.4***	1.8	2.1	2.4	2.9	3.6	4.6
跨越"陷阱"经济体成为中等收入国家时（有***标注）均值：5.3								
韩国	4.5	5.1	4.3	5.5	6.3***	7.3	8.3	9.1
日本	6.7***	7.4	8.0	7.8	8.2	8.7	9.3	9.8
新加坡	2.7***	3.1	3.7	4.3	5.2	5.0	5.2	6.0
中国香港	4.4***	4.7	4.9	5.7	6.3	6.9	8.0	8.7
中国台湾	4.3	4.7	5.0	5.5	6.1***	6.8	7.6	8.2

注：表中数据为各经济体15岁及以上人口平均受教育年数，有"***"标识的数据为经济体刚成为中等收入经济体时的受教育年数平均值。

数据来源：根据2013年Barro等在《Journal of Development Economics》发表论文中的数据整理而成。

落入"陷阱"经济体在进入中等收入阶段时的平均受教育年限为3.8年，而与之相对应的跨越"中等收入陷阱"经济体则为5.3年；虽然这一数值不能完全反应两种类型经济体在人力资本积累方面的差异，但可以断定的是：相对于高收入经济体而言，落入"中等收入陷阱"经济体在人力资本积累方面输在了起跑线上。到了1985年，在两种类型经济体处于中等收入阶段平均时间约27年后，经测算得出落入"陷阱"的中等收入经济体平均受教育年数为6.8年，而高收入经济体此时的平均受教育年数为8.4年；此外，陶振全（2017）还通过构建人力资本指数的方法，对两种类型经济体处于中等收入阶段时人力资本积累水平进行了比较，结果依然是高收入经济体占优。可见，以平均受教育年数为代表的人力资本积累水平来看，落入"中等收入陷阱"经济体始终落后于高收入经济体。

四、技术水平低下

（一）全要素生产率

衡量经济体技术水平高低的因素主要有两个：一是经济体全要素生产率的高低；二是其科研创新投入及能力的大小。全要素生产率是评价一国或地区经济发展中科技含量的根本指标，是衡量经济增长质量的重要依据。具体来说，全要素生产率是指包括劳动、资本等具体投入要素量不变时，产出的增量所占总产出的比例，是经济社会中归因于全要素投入引致产出增长的份额，这种全要素一般包括管理过程中的效率提升、生产过程中的技术改良和组织的规模效应。

目前，全要素生产率的测度方法主要有代数指数法、隐形变量法、Malmquist 指数法和索罗余值法。代数指数法是在完全竞争和规模收益不变的假设下，以产出的指数与全部投入要素加权指数比率的形式计算全要素生产率的方法。这种方法虽然可以使全要素生产率以相对直观地方式得以体现，但资本和劳动之间完全替代，以及边际生产率恒定的假设缺乏合理性，加之没有明确的生产函数，代数指数法在全要素生产率测算中的应用并不多见。隐性变量法主要是把全要素生产率设定为隐形变量，通过构建状态空间模型对全要素生产率进行测算。这种方法是在资源得到充分利用的假设下实现的。在此条件下，测算全要素生产率时，就不可避免地忽略了全要素生产率中技术效率增进的作用，而技术效率又是全要素不可或缺的组成部分，因此，将全要素生产率设定为隐性变量，以极大似然估计的方式对其进行测算在现实中也并不常见。Malmquist 指数法主要是基于数据包络分析方法，直接利用线性优化给出边界生产函数与距离函数估算，不需要对生产函数的具体形式进行假设，可以研究多投入和多产出的全要素问题，投入产出变量的权数由相关数据导入线性规划模型产生。这种直接从投入和产出角度考虑全要素生产率的方法，虽然无须考虑生产函数，但是线性规划模型极易受到随机因素影响，但方法本身不会考虑任何随机因素，这样就无法从统计学角度对模型好坏进行检验。与上述方法相比，索罗余值法作为新古典增长理论的重要组成部分，在分析要素的使用效率、解释经济增长动力机制方面的具有增量贡献。在规模报酬不变和技术进步不影响投入要素间的边际替代率假设下，全要素生产率就是技术进步率。该方法采用边际替代率不变的柯布—道格拉斯生产函数，通过这一总量生产函数，可以利用回归方程先估算资本和劳动对产出的贡献份额，再以产出增长率与投入要素增长率做差的方法得到全要素生产率。索罗余值法在全要素生产率测算中的使用较为普遍。

全要素生产率的测算一方面有助于认识经济增长的模式，理清经济发展的动力机制；另一方面有助于确定经济政策的侧重点，对合理制定和实施较长期的增长计划至关重要。由此，可以推测：有些中等收入国家落入"陷阱"，重要表现之一应该是全要素生产率增长相对缓慢。对这一推测的佐证详见表2-6。

表2-6　　　　两种类型经济体的全要素生产率变化情况

单位:%

落入"陷阱"经济体处于中等收入区间的全要素生产率：0.8					
国家和地区	年均增速	国家和地区	年均增速	国家和地区	年均增速
巴西	1.3	萨尔瓦多	-2.2	波兰	1.7
玻利维亚	0.4	墨西哥	0.8	葡萄牙	2.5
阿根廷	0.6	巴拿马	0.8	罗马尼亚	0.5
智利	0.2	乌拉圭	0.1	南非	0
哥伦比亚	0.6	希腊	1.9	叙利亚	1.7
阿尔巴尼亚	1.1	危地马拉	0.8	马来西亚	1.4
保加利亚	0.7	匈牙利	1.1	土耳其	0.9
秘鲁	0.7	牙买加	0		
高收入经济体处于中等收入区间时的全要素生产率：2.4					
国家和地区	年均增速	国家和地区	年均增速	国家和地区	年均增速
韩国	2.9	日本	4.4	新加坡	1.4
中国台湾	1.6	中国香港	1.6		

数据来源：根据秦佳（2014）研究成果进一步计算和整理而成。

在表 2-6 中，几乎所有经济体的全要素生产率增速都为正值，表明对于这些国家和地区来说，全要素生产率都在一定程度上促进了经济增长。区别在于：落入陷阱的经济体全要素生产率普遍较低，从平均值来看只有 0.8%；而高收入经济体在中等收入区间时的表现则比较抢眼，特别是日本，在亚洲地区处于领先地位，综合来看，亚洲国家和地区的高收入经济体平均值为 2.4%，增速是落入"陷阱"经济体的 3 倍。因此可以断定，正是经济发展中科技含量的根本区别导致了不同类型经济体在国民收入方面表现出巨大差异，全要素生产率增速越高，经济体就越容易跨越"中等收入陷阱"。

（二）研究与开发情况

上文指出全要素生产率主要表现为经济体发展过程中所具备的技术水平，而技术产生和发展的关键在于以大量研究与开发投入为支撑创新能力提升。所以，可以进一步在科研支出方面对高收入国家和落入"中等收入陷阱"的国家进行简要区分。由于大部分落入"中等收入陷阱"的发展中国家的相关数据不容易获取，本书简要列举出 10 个未落入"陷阱"发达国家和 2 个曾经落入"陷阱"国家的科研支出情况，来分析两种类型国家在科研支出方面的区别（见表 2-7）。

表 2-7 发达国家与曾经落入"陷阱"国家的科研支出对 GDP 占比情况

单位：%

发达国家	2000 年	2012 年
以色列	4.0	3.9
韩国	2.3	4.4
日本	3.0	3.4
美国	2.6	2.8
德国	2.5	3.0
法国	2.2	2.3
荷兰	1.9	2.2
加拿大	1.9	1.7
英国	1.8	1.7
挪威	1.6	1.7
平均值	2.2	2.7

续表

落入"陷阱"的国家	2000年	2012年
希腊	0.6	0.7
匈牙利	0.8	1.3
平均值	0.7	1.0

数据来源：Main Science and Technology Indicators OECD Science，2013。

在表2-7中，发达国家在2000年的科研支出对GDP占比平均比率为2.4%，其中以色列、日本和美国的占比位列前三，而且德国、法国和韩国都处于平均水平及以上，这也突出了创新型国家对新技术的研究与开发以及本国创新能力的重视程度。到了2012年，这些未曾落入"陷阱"的高收入国家的平均水平上升至2.7%，日本、韩国和德国的科研支出占GDP比重都超过了3%，排名靠前的依然以创新型国家为主。这突出了一国科研支出对技术进步的重要性，进一步说明跨越"中等收入陷阱"的经济体首先应该具备较高的科研支出水平。

从表2-7中曾经落入"中等收入陷阱"的两个国家来看，希腊在1998年走出"中等收入陷阱"后的第二年，科研支出对GDP的占比为0.6%，又过了10年达到0.7%，这一比率略有提升但改观不大，2012年的希腊虽然是高收入国家，但因为创新能力无法与时俱进而缺乏经济发展的新动能，已经被债务危机所困扰；匈牙利则是在2012年刚摆脱"中等收入陷阱"，此时的科研支出对GDP占比为1.3%，比10年前高出0.5个百分点。这两个曾经落入"中等收入陷阱"的国家，在2000年和2012年的科研支出对GDP占比平均值分别为0.7%和1.0%，与典型高收入国家相比，差距是显而易见的。像希腊和匈牙利这些已经摆脱"陷阱"困扰的国家，其科研支出水平只达到了典型高收入国家的1/3，可想而知对于那些深陷"中等收入陷阱"国家，科研支出情况令人担忧。这些国家如果不能加大创新支出，在研究与开发能力的提升方面有所突破，国民收入将一如既往地增长乏力，必将在更长时期处于中等收入区间。

第三章
我国的"中等收入陷阱"风险解析

第一节 中国的经济基本面

一、中国的经济发展和人均国民收入状况

我国改革开放近 40 年来的经济发展成果有目共睹,如图 3-1,中国国家统计局官网数据显示,2018 年中国 GDP 总量突破 90 万亿元大关,经济增速为 6.6%。按照世界银行对中等收入的最新划分标准,人均 GNI 在 4035~12475 美元之间为上中等收入区间,2010 年中国的人均 GNI 增长至这一区间,正式步入上中等收入国家行列。2017 年中国人均国民收入（GNI）达到 8690 美元。但值得注意的是,2010 年进入新常态以后,中国的 GDP 再也没有达到国两位数增长,并逐年下行,从 2010 年的 10.45% 将至 2016 年的 6.9%。

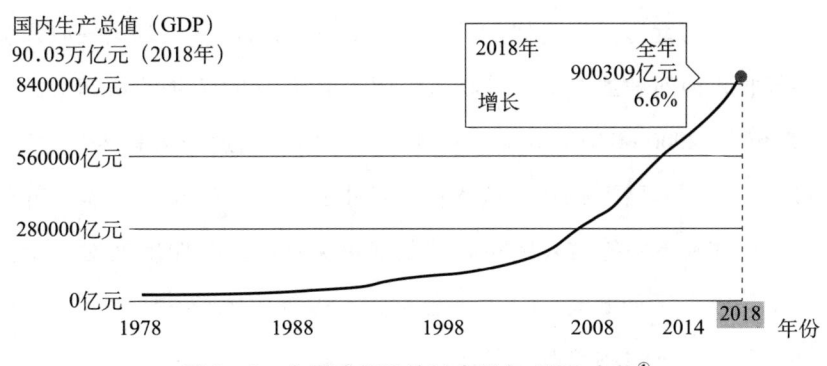

图 3-1　中国改革开放以来历年 GDP 走势①

---

① 资料来源：中国国家统计局官网。

Clarida（2010）指出，新兴发展中国家经过一段时期的快速发展后，经济增速回落是一种自然趋势，其间，有些国家还出现了失业率上升、投资回报率下降和收入差距扩大等社会问题①。中国自2010年经济发展步入新常态至今，经济增长趋于中高速，尽管没有出现上述突出问题，但警惕结构性减速可能引起的社会性问题，避免落入"中等收入陷阱"，应该成为当务之急。适应是一方面，更重要的是探寻核心动能并形成新的增长点，以引领新常态并跨越"中等收入陷阱"。基于上文对不同类型经济体在人均 GDP 增速、劳动生产率、人力资本积累和技术水平上的差异分析，本章将对中国在上述四个方面的发展特征进行解析，并且，通过与落入和跨越"陷阱"的典型国家进行多指标综合对比，对中国面临的"中等收入陷阱"风险进行全面解读。

二、中国经济增长的主要特征

表3-1是中国处于中等收入区间时人均 GDP 的变化情况，可以看出，中国自2000年成为中等收入国家后，经济发展十分强劲，在下中等收入区间的经济表现与发达国家类似。只经历了11年的时间，人均国民收入就从入下中等收入区间增加至上中等收入区间，其中，2007年的增速最高，达到了13.6%。2000~2010年间，中国的人均 GDP 增速均值高达9.7%，大大超过了落入"陷阱"的中等收入国家的平均水平，甚至比日本、韩国等一些发达国家在下中等收入区间时的表现更为卓越。按照上文对一个国家处于下中等收入区间长达30年为落入下"中等收入陷阱"的定义可知，中国顺利跨越了下"中等收入陷阱"。

---

① 文章来源：http://www.nber.org/papers/w18726.pdf。

表 3–1　　中国处于中等收入区间时的人均 GDP 增速　　单位:%

年份	2000	2001	2002	2003	2004	2005
增速	7.6	7.5	8.4	9.3	9.4	10.7
年份	2006	2007	2008	2009	2010	
增速	12.1	13.6	9.1	8.9	10.1	
处于下中等收入区间（2000~2010 年）人均 GDP 增速均值：9.7						
年份	2011	2012	2013	2014	2015	2016
增速	9	7.3	7.2	6.8	6.4	6.1
处于上中等收入区间（2011~2016 年）人均 GDP 增速均值：7.1						

数据来源：根据国家统计局公布数据整理而成。

从表 3–1 中还可以发现，中国的人均国民收入自 2011 年步入上中等收入区间以后，人均 GDP 增速呈下降趋势。从平均值来看，2011~2016 年期间人均 GDP 增速均值为 7.1%，比处于下中等收入阶段时下降了 2.6 个百分点，与落入"中等收入陷阱"国家 2.2% 平均增速相比，中国仍具有较大优势，与高收入国家的平均水平十分接近。但是，应当注意到，中国的人均 GDP 增速已经从 2011 年的 9% 降至 2016 年的 6.1%，短短 6 年间增速下降了 1/3，尽管如此，如果能够保持 6% 以上的增速，中国依然能够顺利跨越"中等收入陷阱"。需要警惕的是，一旦这一势头无法得到及时扭转，中国就存在落入"中等收入陷阱"的风险，所以必须引起高度重视。

第二节　中国的劳动生产率增长和人力资本积累状况

一、中国的劳动生产率增长状况

从表 3–2 可以发现，中国处于中等收入区间的劳动生产率增速与表 3–8 中的人均 GDP 增速没有太大出入，2000~2010 年，中国的劳动生产率增速均值高达 9.6%，比同一时期的人均 GDP 均值低 0.1 个百分点；

2011~2016年,劳动生产率增速均值为7.2%,比同一时期的人均GDP均值高0.1个百分点。二者的均值变化也比较相近,同样在2007年达到峰值(13.1%)。这在某种程度上说明以劳动生产率的变化情况衡量人均GDP变化的有效性。

表3-2　　　　中国处于中等收入区间时的劳动生产率增速

单位:%

年份	2000	2001	2002	2003	2004	2005
增速	7.0	7.6	8.1	9.1	9.4	10.3
年份	2006	2007	2008	2009	2010	
增速	12.0	13.1	9.6	9.0	10.1	
处于下中等收入区间(2000~2010年)劳动生产率增速均值:9.6						
年份	2011	2012	2013	2014	2015	2016
增速	8.6	7.2	7.2	6.9	6.6	6.4
处于上中等收入区间(2011~2016年)劳动生产率增速均值:7.2						

数据来源:根据国家统计局网站公开数据整理而成。

2000~2016年,中国处于中等收入区间的这段时间的平均增速为8.7%,不仅高于落入"中等收入陷阱"国家2%的平均值,而且高于跨越陷阱的高收入国家5.1%的平均值。但值得注意的是,2010年后,这一数值开始持续下滑,从当年的10.1%下降至2016年的6.4%。与上文对人均GDP增速的分析类似,如果劳动生产率增速能够保持6%以上的增速,中国就不会落入"中等收入陷阱"。反之,如果这一势头无法得到有效控制,中国就存在落入"中等收入陷阱"的风险,从而应该引起高度重视。这种长期下滑的态势是如何引起的?是否会持续下去?这一系列问题随之而来。要解答第一个问题,按照上文对劳动生产率的分析逻辑,应该从人力资本积累和技术发展水平两方面入手加以研究。

二、中国的人力资本积累状况

本书从Barro(2013)所使用的数据中,找到了中国初入中等收入区间时的人力资本积累水平。2000年,中国超过15岁居民的受教育年数均值为7.1年,而同一发展时期,上文所分析的落入"陷阱"经济体的受教育年数均值为3.8年,高收入经济体则为5.3年。可知,中国在平均受教育年限方面的人力资本积累,不仅远远高于落入陷阱的国家,还高于发达经济体在进入中等收入阶段时的水平,这是中国的优势所在。但是从财政性教育支出对GDP的占比来看,中国的优势便不复存在了,鉴于陈纯槿等(2017)对世界各国教育投入规模的分析十分透彻,本书将结合他们的研究对此加以说明。

由图3-1可知,教育支出对GDP占比按从高到低排序依次为:高收入国家、上中等收入国家、下中等收入国家。也就是说,随着一国经济的持续向好,国家的教育支出不仅在绝对值上保持增长,在对GDP占比的相对比例方面也呈上升趋势。自2000年中国成为中等收入国家以来,教育支出在经济总量的占比虽然逐年攀升,但直到2010年中国的人均国民收入步入上中等收入区间时,这一比重才超过下中等收入国家的平均水平,尽管2015年的教育支出占GDP的比重接近上中等收入国家的平均水平,但与发达国家的差距还是显而易见的。

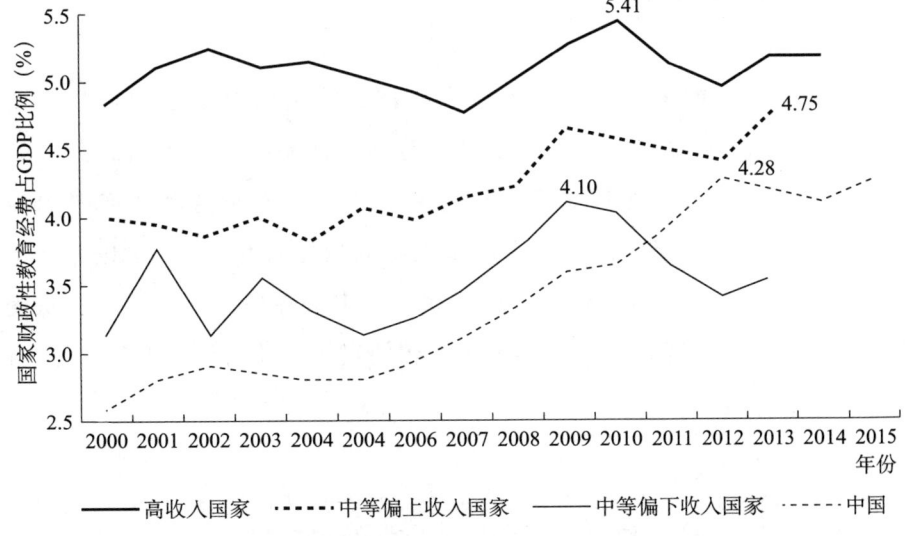

图3-2 2000~2015年中国财政性教育经费对GDP占比分析

具体来说,2000年以来,高收入国家的教育支出对本国GDP占比始终超过4.5%,这一比例于2010年达到5.41%的最大值;对于上中等收入国家而言,教育支出对GDP占比自2000年以来则始终超过3.8%,2007年以后稳定在4%以上的水平,并于2013年达到4.75%的最大值;而对于下中等收入国家来说,教育支出对GDP占比的变化起伏较大,但2000年来一直处于3%以上,并于2009年达到4.1%的最大值,近年来,这一比值基本稳定在3.5%的水平。从2000~2015年中国教育支出对GDP占比的走势可知,2012年这一比例才超过国际平均水平(4%),尽管一部分原因在于教育经费增速随着经济增速的变化而变化,但是中国教育支出的强度[1]依然有待进一步提升是不争的事实。

第三节 中国的技术水平发展状况

一、全要素生产率

按照调整后的索罗余值法,国家科技部测度的全国全要素生产率已超过50%。蔡昉(2016)指出,对劳动生产率变化的解析,人力资本是关键因素之一,相比之下,全要素生产率是衡量劳动生产率的最主要因素,对近些年中国劳动生产率下降起决定性作用[2]。中国近年来全要素生产率到底如何变化,使得劳动生产率下降的如此之快呢?从美国大型企业统计数据库(TED)中查找相关资料,并制作出表3-3进行简要分析。

---

[1] 教育投入强度概念是与科研指出强度相类似的概念,即教育投入对GDP的占比。
[2] 引自2016年1月10日蔡昉在第七届中国经济前瞻论坛所做的《从全要素生产率看中国经济面临的挑战》主题报告。http://www.cet.com.cn/zt/zt010/qzlt7/7thqianzhanluntan.htm。

表 3-3　　中国处于中等收入区间时的全要素生产率增速

单位：%

年份	1999	2000	2001	2002	2003	2004
增速	0.7	3.4	4.8	6.2	8.0	2.9
年份	2005	2006	2007	2008	2009	2010
增速	3.8	5.1	7.6	3.0	1.8	0.7
处于下中等收入区间（2000～2010 年）劳动生产率增速均值：4.0						
年份	2011	2012	2013	2014		
增速	2.7	0.4	0.1	-0.1		
处于上中等收入区间（2011～2014 年）全要素生产率增速均值：0.8						

数据来源：TED 数据库。

社会主义市场经济建立以前，制约经济效率的主要原因就在于，计划经济的资源配置效率较低。随着中国市场化进程的不断推进，这一问题得到了极大程度的改观，国家的全要素生产率呈现快速上升的趋势。其中，我国全要素生产率的提升速度在 1998～2002 年、2003～2007 年增长较快，这两个时期分别是国内市场经济基本建立和加入 WTO 后国际市场迅速开拓的时期。从表 3-10 可知，中国刚成为中等收入国家时，成功加入世界贸易组织，大量外商在中国投资办厂，这些企业采用的先进技术和管理经验的外溢效应提高了中国的全要素生产率水平，但也不难看出 2003 年 SARS 带来的负面影响。导致中国全要素生产率走下坡路的根本原因是 2007 年由美国引起并波及全世界的经济危机。2007 年以后，中国对于资源的开发利用效率快速下降，到 2014 年中国全要素生产率增长率为 -0.1，这是在 1999 年以来首次出现的负增长情况。分阶段来看，1999～2010 年，中国处于下中等收入区间时的全要素生产率增速均值达到 4.0%，此时也是中国劳动生产率、人均 GDP 和人均国民收入快速上升时期；2011～2014 年，中国处于上中等收入区间时的全要素生产率均值为 0.8%。在 2016 年中国经济前瞻论坛有关中国全要素的主题报告中，蔡昉等学者通过测算得出 1995～2010 年的平均值为 3.9%，与 TED 数据库中的统计结果相近；而 2011～2015 年的平均值为 3%，这与 TED 数据库中的统计结果有较大出入。两者的相同之处在于，指出了近年来中国全要素生产率呈下降趋势的事实。为了加深对中国全要素生产率走势的理解,本书采用 TED 的统计数据,将中国与世界主要经济体进行简要对比(详见图 3-3 和图 3-4)。

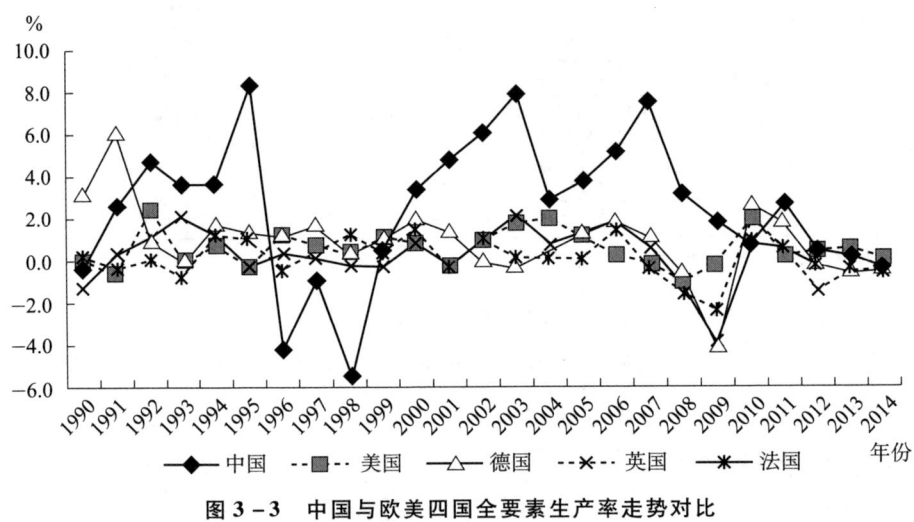

图 3-3 中国与欧美四国全要素生产率走势对比

从图 3-3 可知,发达经济体的全要素生产率平均增速都低于中国。其主要原因在于:一是中国属于新兴经济体,生产技术与前沿边界尚存在一定距离,这种情况下中国全要素生产率的提高是可以通过技术模仿实现的;二是中国的市场经济体制有待进一步完善,资源错配问题依然存在。从这个意义上讲,中国可以通过制度变革提升资源配置效率,进而提升全要素生产率。欧美国家与中国的不同在于:一是这些发达国家的生产技术基本处于世界前沿,试图以技术创新显著提升全要素生产率难度较大。二是欧美国家市场机制相对健全,通过进一步完善市场机制以提升资源配置效率,从而提高全要素生产率的潜力十分有限。值得注意的是,虽然欧美国家全要素生产率增速较慢,但涨势平稳。特别是在美国次贷危机以后,尽管这些经济体由于遭受严重的打击,全要素生产率都出现了负增长,但很快就回到了危机前的平均水平,而中国的全要素生产率增速则是在这 2007 年后呈持续下降走势,与欧美国家形成了较大反差。此外,图 3-4 还显示出自 2013 年起,中国的全要素生产率增幅一直低于美国,这在一定程度上说明中美在国际上的竞争力对比出现了新的变化,应该予以高度重视。

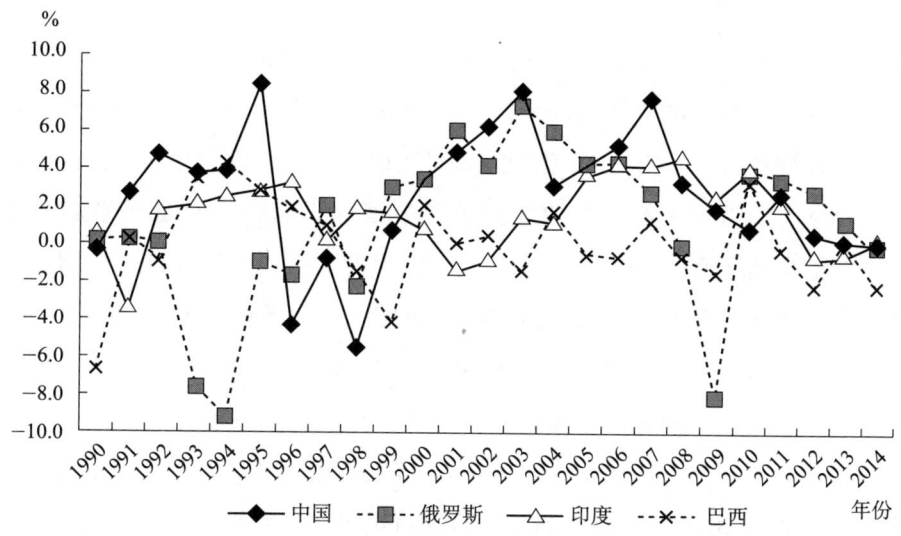

图3-4　1990~2014年中国与金砖三国全要素生产率走势对比

从图3-4可知,相对于欧美发达国家来说,中国、印度、俄罗斯和巴西全要素生产率的平均增速都很高,而且这些新兴经济体全要素生产率增速在不同年份的波动较为显著,本书认为这很大程度上与金砖国家生产技术的对外依存度较高,容易受国际市场环境变化影响有关。需要指出的是,随着美国次贷危机的不利影响逐年减弱,2010年印度、俄罗斯、巴西的全要素生产率增速反弹势头强劲,这与一些发达经济体的表现类似,而反观中国,当年的全要素生产率增速依然处于下降通道,直至2011年才有所改观。出现这种情况可能由于中国出台积极的财政政策同时,未能及时跟进结构和产能调整,体制机制改革与政策不同步,使得政策效应大打折扣所致。而全要素生产率增速有所反弹的经济体大都奉行放任自由的政策主张,不对经济波动做过多干预,所以在危机逐渐消除之后的恢复程度有所不同,尽管从长期来看这种过度自由的宏观调控思想仍值得商榷。

二、研究与开发情况

在科研投入总量上,中国在 2000 年刚成为中等收入国家时仅为 304 亿美元,而美国当时的科研投入总额高达 3028 亿美元,是中国的 10 倍之多,与中国毗邻的日本也有 1100 亿美元,是当时科研投入排名仅次于美国的国家。然而,随着中国经济的快速发展,中国的科研投入总量以平均每年 17.6% 的增速上涨,2009 年超过日本,成为世界第二。据统计,中国研发支出占全球研发总支出的比例由 2002 年的 5.0% 上升到 2011 年的 13.1%,仅次于美国每年的 35% 左右。2014 年中国授权发明专利 23.3 万件,位列世界第三。这段时间也是中国的人均 GDP、劳动生产率和全要素生产率快速增长的阶段,在中国 2010 年成为上中等收入国家以后,中国稳步增加科研支出,直至 2016 年,在总量上一直保持世界领先水平,与世界排名第一的美国十分接近。也就是说,从数量上看中国的研发水平是较高的,从而有学者预测,不出 5 年时间,中国将成为科研投入总量最多的国家。

表 3-4 2012 年中国与创新型国家 50 强企业研发投入比较情况

国家	投入总量 (亿欧元)	投入强度 (%)	集中度 (%)	投入增速 (%)	盈利能力 (%)
美国	1231.5	12.8	55.7	15.4	17.4
英国	203.2	16.4	102.2	11.7	2.6
法国	271.8	6.5	93.9	11.8	10.2
德国	518.0	5.99	97.8	10.6	8.6
日本	742.1	7.3	64.1	0.3	5.2
韩国	173.8	9.23	68.1	8.9	—
中国	155.3	3.4	19.6	24.5	6.4

数据来源:2013 年欧盟产业研发投入报告。

虽然中国在国家层面的研发投入逐年增长,并且总量巨大,但在企业层面与发达国家还有一定距离,在企业日益成为创新主体的今天,应当找到差距,弥补不足。从表 3-4 中可以发现,在投入总量上,2012 年中国企业研发支出 155.3 亿欧元,占美国、德国、日本、法国、英国和韩国的比重分别为 12.6%、20.9%、30.0%、57.1%、76.4% 和 81.3%。从这一比例可以看出，中国企业自主创新支出数额与英国和韩国差距较小，但与美国、日本和德国的水平还相距甚远。研发强度①是衡量企业创新能力的重要指标，在这一点上，中国企业的表现依旧较弱，仅为 3.4%，而英国、美国都达到了两位数（16.4% 和 12.8%），德国是上述发达国家中这一数值最小的国家，也达到了近 6%。按熊彼特假说的分析逻辑，集中度是衡量研发投入是否有利于创新的重要依据，如果投入不集中，则不利于创新成果的产生。

中国企业的研发投入集中度仅有 19.6%，而英国、法国和德国都超过了 90%，上述发达国家里集中度最低的美国都为 55.7%，远远高于中国。盈利能力上，中国虽然不是最低的，却依然存在进一步改进的空间。值得一提的是，中国企业的科研创新投入增速高达 24.5%，远远高于其他发达国家，其中，日本的研发投入增速之所以过小是因为地震，暂不列入对比研究，除此以外的其他发达国家中企业的研发投入增速基本都在 10% 以上，这也在某种程度上解释了发达国家在企业创新能力方面强者更强的内在逻辑。

此外，从在中国境外被认可的专利数量看，中国的专利申请数量占全世界的比例较低，自主创新能力远远不够。同时，从专利的内容看，很大一部分专利都是低技术含量的。此外，目前的研发成果源于企业的比例不到 2%，这极大限制了中国企业的国际竞争力。更为重要的是，目前中国对科学成果的转化率还较低。大批理论成果和专利都只是束之高阁，而不能转化为现实的生产力。不仅在企业自主创新投入方面不占优势，从国家科研投入对 GDP 占比来看，中国的表现一度与曾落入"陷阱"的希腊和匈牙利等国家相近。2000 年中国的科研投入支出对 GDP 的占比为 0.9%，同一时期希腊为 0.6%，匈牙利为 0.8%，而当时经合组织成员国中的平均

---

① 研究投入强度是指一国创新支出与经济总量（GDP）的比值。

水平为2.2%。随着国力不断增强，中国在科研上的投入不仅在绝对数额上不断增多，相对比例也逐年提升。2012年，中国科研投入对GDP占比达到1.98%，是2000年的两倍；到了2016年，这一比例达到2.11%，超过了欧盟15国的平均值（2.08%）。虽然这充分体现了中国对科技进步和创新能力提升的重视程度，但也应看到与以色列（4.25%）、韩国（4.23%）和日本（3.49%）等创新型国家存在的差距。

第四节　中国与典型落入和跨越"中等收入陷阱"国家的比较

在综合指标比较的国家选取方面，本书主要以区位特点和经济发展相似度等作为主要考量因素，以巴西、阿根廷、韩国和日本为参照，并将这四个国家分为两组，其中，拉美国家的典型代表巴西和阿根廷为一组，亚洲发达国家的典型代表韩国和日本为一组。一方面，中国和巴西都是快速增长的新兴发展中国家，阿根廷则是长期处于中等收入区间并落入"中等陷阱"的典型，将中国与两者进行比较可以避免重蹈覆辙；另一方面，中国、韩国和日本同属亚洲国家，而韩日两国却较早地推进了市场化进程而成为高收入国家，是发达国家亚洲地区的典型代表，将中国与这两国比较可以发现不足。

一、中国与巴西、阿根廷的多维度综合对比

如图3-5所示，中国与落入"中等收入陷阱"的典型南美洲国家巴西和阿根廷相比，优势在于具备较大的人口红利，收入差距比较公平，人均GDP增长速度相对较高，这对中国成为高收入国家意义重大；而劣势主

要表现在劳动生产率较低而抚养比较高,这导致了中国的人均财富水平比较低,此外,在教育投入比例、消费比例和服务业比例上也存在不足,能源消耗强度和碳排放量较大,说明中国要跨越"中等收入陷阱",应该在这些方面做进一步完善。从时间跨度上看,巴西在1999~2016年期间最显著的变化在于服务业对GDP占比、劳动生产率增幅较大,这在很大程度上促进了同期人均GDP增速的提高;阿根廷的特点则是收入分配不合理程度越来越高,消费占对GDP的占比显著降低,环境污染情况加剧,劳动力和抚养比例始终不高,劳动生产率、人均GDP增速增长较快。

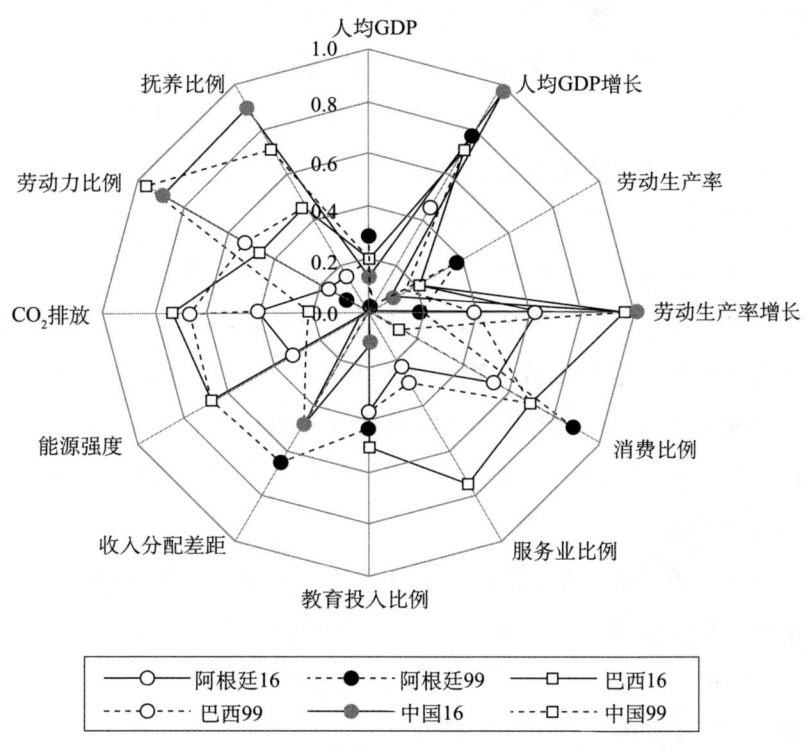

图3-5 中国与巴西[①]、阿根廷的经济发展指标对比

---

① 巴西目前虽然还未落入"中等收入陷阱",但从其科技水平和收入增速等经济表现来看,极有可能在较长时期保持中等收入国家的发展状态,落入"中等收入陷阱"的概率非常大,因而将其与阿根廷一起同中国做对比。

二、中国与韩国、日本的多维度综合对比

如图3-6所示，中国与跨越"中等收入陷阱"的亚洲发达国家韩国和日本相比，优势在于劳动力比例和劳动生产率增速相对较高，从而使得人均GDP增长较快，但劣势也很明显。从时间跨度上看，中国在1999～2016年期间能源和碳排放强度虽有改善但效果相对较差，而且消费比例也呈下降趋势，在诸如教育投入比例、收入分配差距和劳动生产率等方面依然与韩国和日本存在较大差距，这些因素共同作用导致了中国人均GDP和人均国民收入与这两个发达国家的差距依旧很大。相对而言，日本最大的变化在于劳动人口占比减少、抚养比例上升，这与其国内存在的人口老龄化问题有密切联系，从而使得劳动生产率及其增长率走低，进一步导致了人均GDP的减少，但在教育投入比例、碳排放等方面的优势没有改变。韩国与日本的经济表现大致相当，两个发达国家在收入差距、能源消耗和劳动生产率等方面的表现相对突出，经过多年发展，两者在雷达图上各优势指标变化相对较小，所围成的面积也相对较大，这与中国各指标分布不均，所围成面积较小的表现形成鲜明对比。韩国的劳动生产率虽然不及日本，但显著高于中国而且劳动生产率的增速较快，唯一的短板在于劳动人口比例始终不高。

经过与上述国家的历史比较，不难发现，中国的经济社会还在诸多方面存在进一步改进的空间。当然，还应看到中国经济发展的巨大潜力，一方面，中国的工业化步入中后期，在完成工业化进程的未来15年左右时间里，保持经济中高速增长依然大有可能；另一方面，中国的城镇化水平处于国际指标中30%～70%之间的经济较快增长阶段，在城市化的规模和质量方面存在进一步提高的空间，而城镇化水平的全方位提升不仅有利于社会的协调发展，还是扩大内需、推动经济中高速增长的重要保障。总的来说，中国未来15年GDP增速很有可能保持在6%以上，落入"中等收入

第三章 我国的"中等收入陷阱"风险解析 | 53

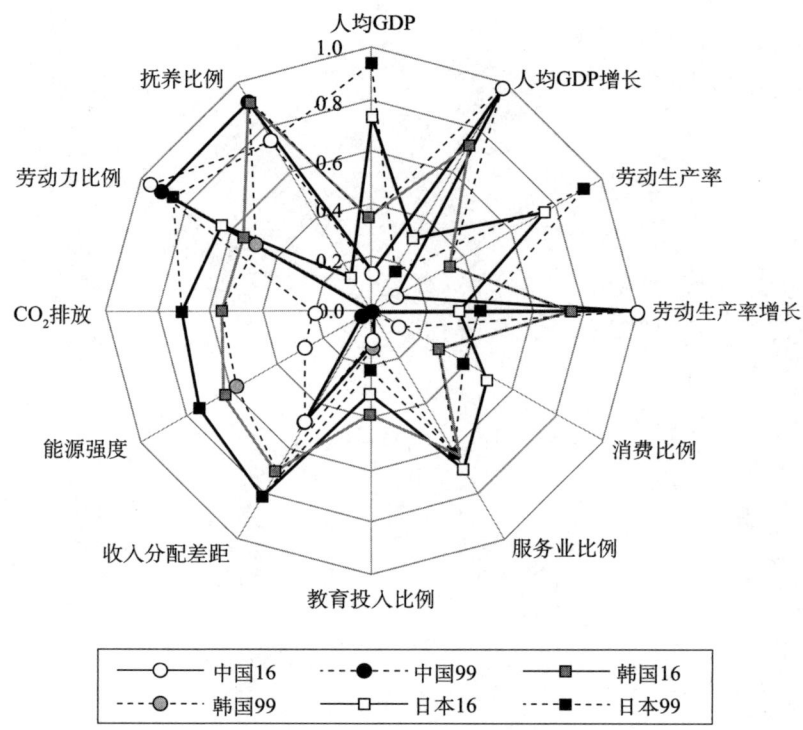

图3-6 中国与韩国、日本的经济发展指标对比

陷阱"的风险较小,但要实现对"中等收入陷阱"的跨越,应该向韩国和日本等国家的优势看齐,在以下方面大有可为,包括改善能源效率、减少碳排放量、缩小收入差距、提高教育投入比例和劳动生产率等。

第四章

"中等收入陷阱"的理论基础

古今中外的经济增长理论研究工作,始终围绕平稳、健康、可持续增长这一核心命题展开,在主流经济学理论研究中,包括知识、人力、物质资本积累和创新在内的各种要素保持相对均衡关系的思想,根深蒂固于各主流学派的基本理论之中,并潜移默化地影响主流经济思想的发展和变迁,成为众多经济学者在深入研究中普遍认同的重要结论。

第一节 马克思主义经济均衡增长理论

一、马克思主义社会再生产思想

马克思的政治经济学是中国经济建设的重要理论依据,其中,经典的社会资本扩大再生产理论,为中国的国民经济均衡增长提供了科学的指导思想。这一理论首见于1881年《资本论》第二卷,马克思的资本扩大再生产促进经济发展的理论模型,较西方主流经济增长模型的提出早半个世纪。首先,模型假设社会总产品主要包括生产资料和消费资料,从而依次有生产这两种社会产品的第Ⅰ部类和第Ⅱ部类,且两部类的资本有机构成不变;其次,社会总产品从价值形态上包括不变资本(C)、可变资本(V)、剩余价值(m)三个部分;再次,生产资料的价值一次性转移到新产品中;最后,整个社会由资本家和工人构成,资本家具有投资资本,劳动力具有劳动资本。实现扩大再生产的条件在于 $Ⅱ(C + \Delta C) = Ⅰ(V + \Delta V + m/x)$,即第Ⅰ部类的可变资本的价值存量加上增量,再加上此部类资本家用于消费的剩余价值,共同构成了第Ⅱ部类不变资本的价值存量与增量之和。马克思极具开创性的社会资本扩大再生产理论,说明经济平衡发展受到社会总产品的价值比例及使用价值两种形式的制约[①]。换言之,两大部类内部

---

① 马克思. 资本论(第二卷)[M]. 北京:人民出版社,2004:428.

及相互间的交换,在完全实现社会总产品的物质补偿和价值补偿的条件下,才能实现经济平衡发展。

社会再生产理论说明,在社会中人力和物力等资源之间、再生产各环节之间、社会供求之间具备一定平衡关系的基础上,社会再生产才能顺利进行,才能保证全社会的均衡产出最大化,实现经济的持续、平稳、健康发展。价值规律和资本有机构成不断提高制约了资本主义市场经济的平衡发展。马克思认为,一是生产的持续增长与劳动者支付能力相对不足之间存在矛盾;二是个别企业的有序生产与整个社会生产的无序性之间存在矛盾,共同导致了以生产过剩、结构失衡为特征的资本主义经济危机,最终造成社会资源低效率使用和经济发展质量提升乏力。

二、现代马克思主义及其中国化的经济增长理论

马克思自成体系的经济增长思想问世至今,相继得到世界各国学者的继承和发扬,而且,许多研究成果是在马克思主义不断中国化过程中实现的。20世纪20年代,才华横溢的苏联经济学家康德拉基耶夫,在马克思主义经济危机理论的基础上提出了经济动态、循环发展理论。同一时期,马克思主义经济增长的数学模型由经济学家费利德曼首次构建,吴易风(2007)通过深入研究这一模型,引申出高资本积累率是产出高增长重要前提的关键论断。随着马克思主义中国化进程的持续推进,涌现出的许多研究成果,丰富了政治经济学的经济增长理论体系。其中,崔晓露(2013)基于马克思主义的再生产经济理论,进一步分析两大部类积累比率,并将社会再生产理论模型化,数理分析结果表明资本积累存在均衡积累率,得出马克思主义的再生产经济理论仍然适用中国经济的结论。施生旭等(2014)通过将创新纳入传统马克思经济增长分析模型,得到创新与经济增长的具体关系:一是节约型创新能够以提高利润率为中介,对经济增长产生正向影响;二是物化投资型创新将引起消费需求不足及产能过

剩,制约经济稳定增长,并通过相应数据综合检验创新对经济增长的总效应,得出创新的影响总体为正的实证结论。孙世强等(2014)基于最优经济增长模型,构建了一个中西方马克思社会扩大再生产跨学科研究平台,揭示了社会再生产动态过程的一般规律,研究结论表明经济社会的不断发展,需要社会再生产过程中人力资本投入达到均衡比例。

第二节 西方经济增长理论

西方有关增长的主流经济理论,从20世纪40年代开始,主要体现于哈罗德-多马增长理论、新古典增长理论和内生增长理论等,日渐形成经济稳态、均衡增长的研究范式。

一、哈罗德-多马增长理论

20世纪20年代大萧条后,经济学家凯恩斯提出了有别于古典经济学经济发展理论,他自成体系地提出有效需求不足理论和政府干预等主张,并产生了深远影响。经济学家哈罗德(Harrod)和多马(Domar)从凯恩斯理论中得到启示,分别在短期分析的基础上提出了长期经济发展理论,由于二者内涵相同而统一为哈罗德-多马经济增长理论,被后来的学者们所广泛认同。该理论的假设条件主要有储蓄对投资能完全转化,资本与产出之比(K/Y)保持不变,社会生产的产品具有消费和投资两种属性,用于产品生产的投入要素只有资本和劳动两种且不能相互替代,不存在折旧等。上述条件下的经济增长率(g)可以由储蓄率(s)和资本产出比进行抽象表示($g = sY/K$)。哈罗德认为一国的储蓄率越高,资本与产出之比越低,有保证的经济增长越快。同时,哈罗德-多马增长理论中的均衡经增长,在实际增长率、有保证的增长率和充分就业情况下由创新和人力资本积累决定的自然增长率相等时才能实现。一方面,实现均衡增长的条件较难实现;另一方面,经济运行过程中不具备自我纠偏能力,一旦偏离均衡增长路径无法恢复,因而这种均衡增长被称为"刃锋"式的经济增长。虽然这一理论否定了资本与劳动间的替代关系,但非常重视国民经济发展中的储蓄情况以及由储蓄转化的投资对经济增长的关键作用。实现均衡增长需要投资,企业、劳动力进行创新和人力资本积累等方面的投资可能是拉动经济增长的关键力量,是本书理论部分构建模型时从该理论中得到的重要启示。

二、新古典均衡增长理论

新古典增长理论是西方主流经济学解释经济增长的核心理论,其中,以索罗模型、拉姆齐-卡斯-库普曼模型和戴蒙德模型为代表,从资本积累、代表知识和技术的劳动有效性角度刻画出的均衡经济增长路径,对后续增长理论的研究产生了深远影响,本书的"中等收入陷阱"问题研究就是以新古典增长理论为基础。

(一)索罗模型(Solow Model)

索罗模型[①]于1956年诞生,不久就迅速发展成为主流经济学家及学者们用于分析增长问题的主要模型,研究索罗模型对理解和解决增长过程中存在的问题意义重大。2009年,罗默(David Romer)在其著作《高级宏观经济学》一书中指出,几乎所有与增长有关的研究都以索罗模型为起点。纵然有些模型与索罗模型存在实质性区别,仍要经过与索罗模型进行对比,才得以更好地理解。该模型假设任何时刻的产出(Y)都是资本(K)、劳动(L)和技术(A)因素结合的产物,因而有生产函数:

---

① 索洛模型也称为"索罗-斯旺"模型,是美国经济学家罗伯特·索罗(Robert Solow)和英国经济学家斯旺(T. W. Swan)于1956年的共同研究成果。

$$Y(t) = F[K(t), A(t)L(t)] \quad (4.1.1)$$

生产函数满足规模报酬不变①、边际产出为正且边际报酬递减②和稻田条件③。同时，假设技术、人口和储蓄都是外生性因素，并且技术进步率和人口增长率保持固定不变④，储蓄率和折旧率分别为 s 和 δ⑤。

在此条件下可以进一步将生产函数紧凑化：

$$F(\frac{K}{AL}, 1) = \frac{1}{AL}F(K, 1) = \frac{1}{AL}Y(t) \quad (4.1.2)$$

其中，令单位有效劳动资本量 K/AL 为 k，单位有效劳动产出 Y/AL 为 y，同时令 $f(k)$ 等于 $F(k, 1)$，从而 (4.1.2) 式可以表示为：

$$y = f(k) \quad (4.1.3)$$

通过对 k 求导有：

$$\frac{dk}{dt} = \frac{1}{A(t)L(t)}\frac{dK}{dt} - \frac{K(t)}{A(t)L(t)}\frac{1}{L(t)}\frac{dL}{dt} + \frac{K(t)}{A(t)L(t)}\frac{1}{A(t)}\frac{dA}{dt}$$

$$(4.1.4)$$

令 $\frac{dk}{dt}$ 等于 $\dot{k}(t)$，(4.1.4) 式进一步可以表示为：

$$\dot{k}(t) = sf(k(t)) - (\delta + n + g)k(t) \quad (4.1.5)$$

(4.1.5) 式阐明，每单位有效劳动的资本存量变化率，等于每单位有效劳动的实际投资与使 k 保持现有水平的持平投资之差。当每单位有效劳动实际投资 $sf(k(t))$ 大于 k 保持现有水平的持平投资 $(\delta + n + g)k(t)$ 时，会使 k 上升；当 $sf(k(t))$ 小于 $(\delta + n + g)k(t)$ 时，会使 k 下降；当

---

① 规模报酬不变，一般表示为产出与要素投入同比率增长，即 $F(cK, cAL) = cF(K, AL), c \geq 0$。
② 边际产出为正可表示为 $\frac{\partial F}{\partial K} > 0, \frac{\partial F}{\partial L} > 0$；边际产出递减可表示为 $\frac{\partial^2 F}{\partial K^2} < 0, \frac{\partial^2 F}{\partial L^2} < 0$。
③ 稻田条件：$\lim_{k \to 0} \frac{\partial F}{\partial K} = \infty$，$\lim_{k \to \infty} \frac{\partial F}{\partial K} = 0$。
④ 技术进步率为 g，$gA(t) = \frac{dA(t)}{dt}$；人口增长率为 n，$nL(t) = \frac{dL(t)}{dt}$。
⑤ 储蓄率为 s，社会新增投资 $I(t) = sY(t)$，资本折旧率为 δ，社会资本增量为 $\frac{dK(t)}{dt} = sY(t) - \delta K(t)$。

$sf(k(t))$ 等于 $(\delta + n + g)k(t)$ 时，k 则保持不变。

如图 4-1 所示，当 $f(0)$ 等于 0 时，实际投资与持平投资在 k 等于 0 处相等。由稻田条件和两条投资线的斜率可知，两条投资线有且只有一个交点。若初始时刻 k 小于 k^*，实际投资大于持平投资，k 的增长率为正；若 k 小于 k^*，实际投资大于持平投资，k 的增长率为负；若 k 等于 k^*，k 的增长率为 0。所以，不管 k 的初始状态如何，都会收敛于 k^*。

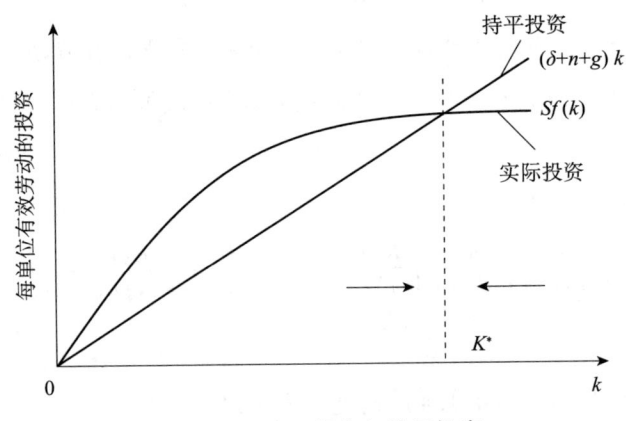

图 4-1 实际投资与持平投资

索罗模型中不论初始状态如何，k 总会向 k^* 趋近，当 k 等于 k^* 时，在假设 A 和 L 的增速分别为 n 和 g 的条件下，资本与有效劳动的增长率都为 $n+g$，规模报酬不变使得产出也以 $n+g$ 的速度增长，从而使平均资本和平均产出的增速为 g。由此可知，与哈罗德—多马模型中的经济增长路径不同，索罗模型的经济总会收敛于平衡增长路径，每一个变量的增速都是固定不变的，平均产出增速只取决于技术进步率。19 世纪以来，美国及许多工业国家的经济发展大都能用索罗模型的平衡增长路径进行合理解释。该模型的核心结论表明，若市场中资本所要求的报酬是资本本身对产出贡献的指标，那么物质资本积累的变化无法解释世界性经济增长的显著部分，每个劳动力平均产出及收入差异的潜在源泉为劳动的有效性。但是索罗模型对劳动有效性的处理很不完整，最为明显的是劳动有效性的增长是外生的，这一点将在本书的理论模型中加以改进。

在平衡增长路径上,单位有效劳动的最优消费(c^*)等于单位有效劳动产出与投资之差:

$$c^* = sf(k^*) - (\delta + n + g)k^* \quad (4.1.6)$$

k^*取决于储蓄率、折旧率、人口增长率和技术进步率,因而k^*可表示为$k^*(s, \delta, n, g)$。将(4.1.6)式中的c^*对储蓄率求一阶导数,并且令其等于零,可以得到最大消费c^{gold}。单位有效劳动的最大消费c^{gold}对应的资本存量k^{gold}就是黄金律资本水平。此时的k^{gold}满足(4.1.7)式:

$$f'(k^*(s,\delta,n,g)) - (\delta + n + g) = 0 \quad (4.1.7)$$

索罗模型中储蓄率不同将导致平衡增长路径有所区别,而且判定社会福利最优的标准是经济社会中单位有效劳动消费最大化,这对本书理论模型的构建意义重大。由图4-2可知,索罗模型中存在唯一的储蓄率S^{gold},使单位有效劳动消费及其对应的单位有效劳动资本存量达到黄金律水平。当一国的储蓄率高于黄金律水平的储蓄率,单位有效劳动资本存量就会高于黄金律水平的资本存量,此时,若将高出的资本存量用于消费,以提升单位有效劳动的消费水平,劳动力的福利水平也会随之提升。这也是菲尔普斯于1961年研究动态效率得出的重要结论,即一国社会福利的增进,可以在储蓄率高于黄金律水平的储蓄率时,通过减少储蓄并用于消费实现。当一国单位有效劳动的资本积累高于黄金律水平的k^{gold}时,就可以说该国的经济发展出现了动态无效率。

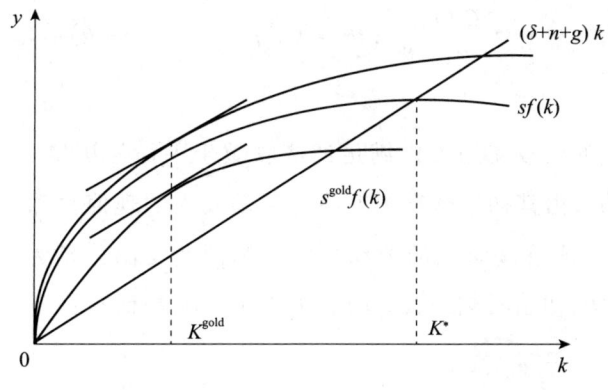

图4-2 黄金律资本水平与稳态路径

动态效率理论理论自提出以来得到了 Diamond、Martin 等人的不断发展，1972 年 Cass 将经济增长的动态无效率定义为资本积累过度；1989 年 Fischer 等人通过研究深化了动态效率的内涵，并指出一国的实际利息率在低于经济增速时是动态有效率的，在高于经济增速时会出现动态无效率。

（二）拉姆齐－卡斯－库普曼模型（Ramsy-Cass-Koopmans Model）

拉姆齐－卡斯－库普曼模型又称"无限期界模型"，由 Ramsy（1928）、Cass（1965）和 Koopmans（1965）三位经济学家共同发展而来，其与索罗模型的主要不同之处在于，无限期界模型改变了储蓄率外生的假定，研究竞争性市场的最大化家庭与厂商的相互作用中资本存量的变化，经济总量的动态效率由微观层次的决策确定。该模型规避了所有因市场不完善、家庭异质性和代际联系产生的诸多问题。

该模型假设经济社会中存在大量相同的家庭和厂商，设定家庭数量为 H，每一家庭规模的增速为 n，家庭拥有企业，不存在折旧，企业产生的利润由家庭所有，并用于消费与储蓄，使家庭终身效用达到最大。家庭的效用函数采用如下形式：

$$U = \int_{t=0}^{\infty} e^{-\rho t} u(C(t)) \frac{L(t)}{H} dt \qquad (4.2.1)$$

（4.2.1）式中的 $C(t)$ 是 t 时刻的每单位家庭消费，$u(C(t))$ 是相对风险厌恶系数不变①的瞬时效用函数，具体形式如下：

$$u(C(t)) = \frac{C(t)^{1-\theta}}{1-\theta}, \ \theta > 0, \ \rho - n - (1-\theta)g > 0 \qquad (4.2.2)$$

这种形式的函数使用可以满足经济收敛于平衡经济增长路径的需要。家庭的预算约束由其初始财富加上终生劳动收入的现值总和确定，每个家庭有 $L(t)/H$ 个成员，t 时刻的劳动总收入和消费支出分别为 $W(t)L(t)/H$ 和 $C(t)L(t)/H$，初始时刻的家庭财富为 $K(0)/H$，因而有：

---

① 拉姆齐－卡斯－库普曼模型使用的瞬时效用函数的相对风险言恶系数 $-Cu''(C)/u'(C)$ 是 θ。

$$\int_{t=0}^{\infty} e^{-R(t)} u(C(t)) \frac{L(t)}{H} dt \leq \frac{K(0)}{H} + \int_{t=0}^{\infty} e^{-R(t)} W(t) \frac{L(t)}{H} dt$$

(4.2.3)

与索罗模型相同，拉姆齐-卡斯-库普曼模型也通过有效劳动数量规范化的变量①，对代表性家庭跨算约束下的效用最大化进行分析。该模型定义 $c(t)$ 为每单位有效劳动的消费，因而每个工人的消费为 $A(t)c(t)$，此时家庭瞬时效用为：

$$\frac{C(t)^{1-\theta}}{1-\theta} = \frac{[A(t)c(t)]^{1-\theta}}{1-\theta} = A(0)^{1-\theta} e^{(1-\theta)gt} \frac{c(t)^{1-\theta}}{1-\theta}$$

(4.2.4)

运用上式整理后的目标函数为：

$$U \equiv B \int_{t=0}^{\infty} e^{-\beta t} \frac{c(t)^{1-\theta}}{1-\theta} dt$$

(4.2.5)

其中，$B \equiv A(0)^{1-\theta} \frac{L(o)}{H}$，$\beta \equiv \rho - n - (1-\theta)g$，由目标函数（4.2.5）式与预算约束（4.2.3）式构造拉格朗日函数并求出 $\frac{\dot{c}(t)}{c(t)}$：

$$\frac{\dot{c}(t)}{c(t)} = \frac{r(t) - n - g - \beta}{\theta} = \frac{r(t) - \rho - \theta g}{\theta}$$

(4.2.6)

（4.2.6）式是效用最大化的消费路径，也是求解此类问题中著名的欧拉方程。根据假设，经济社会中的所有家庭都一样，上式中单位有效劳动消费的演化，可以从单个家庭拓展至整个经济，由此可以得到无折旧情况下消费的动态路径：

$$\frac{\dot{c}(t)}{c(t)} = \frac{f'(k(t)) - \rho - \theta g}{\theta}$$

(4.2.7)

与索罗模型类似，$\dot{k}$ 是实际投资与持平投资之差，无折旧情况下的持平投资为 $(n+g)k$，实际投资是产出与消费之差，从而有无折旧情况下资

---

① 有效劳动数量规范化的变量就是单位有效劳动的消费和劳动。

本积累的动态路径：

$$\dot{k}(t) = f(k(t)) - c(t) - (n+g)k(t) \qquad (4.2.8)$$

虽然拉姆齐－卡斯－库普曼模型对最优路径的讨论都是以单位有效劳动资本 k 的单个值进行的，但这种研究思想具有普遍性。在 k 大于 0 的隐含条件下，任何初始状态的 k，都有唯一的一个单位有效劳动的初始消费水平 c 与之对应，这与资本存量动态学、家庭预算约束和跨期最优化的要求相符。从而演化出著名的单位有效劳动消费与资本动态变化的鞍点路径。如图 4－3 所示，对于任意初始值 k，一定会在鞍点路径上找到相应 c 的初始值，因而经济沿鞍点路径向均衡点 E 移动。这种经济行为收敛于 E 的动态变化，与处于平衡增长路径的索罗经济的行为相同。

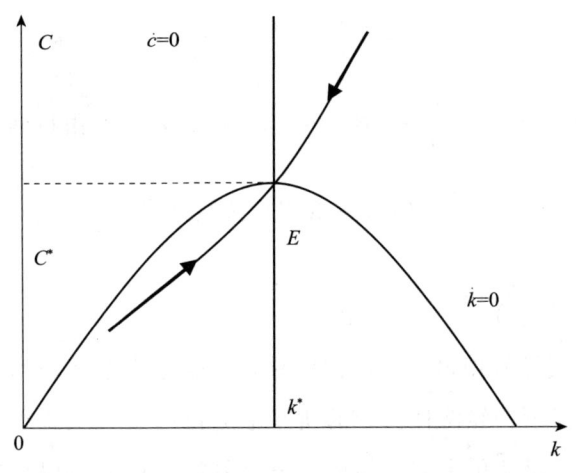

图 4－3　鞍点路径

但与索罗模型的显著差异在于，拉姆齐－卡斯－库普曼模型中的平衡增长路径不存在高于黄金律的资本存量 k。具体而言，索罗模型中的较高储蓄率，可以使经济运行于一个存在更高的消费水平可行选择的平衡路径；但拉姆齐－卡斯－库普曼模型中的储蓄由家庭决策而定，同时家庭的效用取决于消费且不存在外部性，这样使得经济在获得较高消费水平时点上的路径是非均衡的，一旦经济处这条非均衡路径，家庭就会减少储蓄并利用这种机会进行帕累托改进。由于拉姆齐-卡斯-库普曼模型中 k 收敛于一个低于黄金律水平的资本量，k^* 是经济收敛于平衡增长路径时得最优资本存量，所以称之为修正的黄金律资本存量。

上述经济均衡也是帕累托最优的，具体可通过微观经济学的第一福利定理加以说明。根据第一福利定理的定义，在行为者人数有限的完全竞争市场中，如果不存在外部性，想在不使他人状况变坏的条件下改善福利是不可能的，此时分散化的均衡是帕累托最优的。这一定理在拉姆齐-卡斯-库普曼模型中是成立的，全部家庭具有相同的效用，意味着对所有家庭采用相同方式的配置中，分散化均衡会产生最高的效用，并一定能够达到帕累托最优。即便如此，模型对于家庭是永久生存的这一假定仍有进一步完善的可能，这也是本书没有沿用该模型研究范式的重要原因之一。

（三）戴蒙德模型（Diamond Model）

戴蒙德模型（Diamond Model）又称为"世代交叠模型"（OLG Model），与拉姆齐-卡斯-库普曼模型的核心差异在于人口存在新老交替，为简化分析，模型对人口代谢进行了一般性的假设，即每个人只存活年轻与年老两个时期，这对于模型的结论至关重要。OLG 模型中每个人的消费行为只局限于一生，稳态不唯一。

戴蒙德模型沿用了索罗模型对生产函数和技术进步的假设，以及拉姆齐-卡斯-库普曼模型不存在折旧和相对风险厌恶系数不变的效用函数假设，同时假设每个人在年轻时提供单位有效劳动，并将劳动收入用于储蓄和消费，在年老时则不提供劳动也没有劳动收入，仅从事对其前期储蓄和所获利息的消费活动，个人效用由两个时期的消费决定。因而，有如下效用函数和预算约束：

$$U_t = \frac{C_{1t}^{1-\theta}}{1-\theta} + \frac{1}{1+\rho}\frac{C_{2t+1}^{1-\theta}}{1-\theta}, \quad \theta > 0, \rho > -1 \quad (4.3.1)$$

$$C_{1t} + \frac{1}{1+r_{t+1}}C_{2t+1} = A_t \omega_t \quad (4.3.2)$$

（4.3.2）式表明，个人终生消费的现值等于其初始禀赋与劳动收入的现值之和，其中，A_t 可以用 $(1+g)A_{t-1}$ 表示，真实利率 r_t 由资本的边际报酬率确定，单位有效劳动的工资 ω_t 则由单位有效劳动产出与其资本积累的差值确定。从上式可以得出强调两期消费间数量关系的似欧拉方程：

$$\frac{C_{2t+1}}{C_{1t}} = \left(\frac{1+r_{t+1}}{1+\rho}\right)^{\frac{1}{\theta}} \quad (4.3.3)$$

(4.3.3) 式表明，当实际报酬率大于贴现率时，个人消费随时间递增；相反，当实际报酬率小于贴现率时，个人消费随时间递减。进一步构造拉格朗日函数求解个人效用最大化：

$$\Gamma = \frac{C_{1t}^{1-\theta}}{1-\theta} + \frac{1}{1+\rho}\frac{C_{2t+1}^{1-\theta}}{1-\theta} + \lambda\left[A_t\omega_t - \left(C_{1t} + \frac{1}{1+r_{t+1}}C_{2t+1}\right)\right]$$

$$(4.3.4)$$

通过 C_{1t} 和 C_{2t+1} 的一阶条件可得如下方程：

$$\frac{1}{1+\rho}C_{2t+1}^{-\theta} = \frac{1}{1+r_{t+1}}C_{1t}^{-\theta} \quad (4.3.5)$$

进一步可得 C_{1t} 的表达式如下：

$$C_{1t} = \frac{(1+\rho)^{(1-\theta)/\theta}}{(1+\rho)^{1/\theta} + (1+r)^{(1-\theta)/\theta}}A_t\omega_t \quad (4.3.6)$$

(4.3.6) 式说明年轻时期的单个消费者收入份额由利率确定，从而有储蓄率 $s(r)$ 的表达式：

$$s(r) = \frac{(1+r)^{(1-\theta)/\theta}}{(1+\rho)^{1/\theta} + (1+r)^{(1-\theta)/\theta}} \quad (4.3.7)$$

戴蒙德模型所刻画的经济动态特征与拉姆齐-卡斯-库普曼模型一样，都采用了加总个人行为的方法。根据世代交叠模型对资本与储蓄的假设，$t+1$ 时期的资本存量可以通过 t 时期的储蓄表示，t 时期的储蓄又取决于当期的劳动收入和预期资本报酬，因而，由 t 时期收入和 $t+1$ 时期的储蓄率共同表述的 $t+1$ 时期资本存量具体形式如下：

$$K_{t+1} = s(r_{t+1})L_tA_t\omega_t \quad (4.3.8)$$

将 (4.3.8) 式进一步整理可得单位有效劳动资本存量：

$$k_{t+1} = \frac{1}{(1+n)(1+g)} s(r_{t+1})\omega_t \quad (4.3.9)$$

变换 r_{t+1} 和 ω_t 后的 k_{t+1}：

$$k_{t+1} = \frac{1}{(1+n)(1+g)} s(f'(k_{t+1}))[f(k_t) - k_t f'(k_{t+1})]$$

$$(4.3.10)$$

为了解单位有效劳动的资本存量对均衡值的收敛性，将（4.3.10）式进行简化可得：

$$k_{t+1} = \frac{1}{(1+n)(1+g)} \frac{1}{2+\rho}(1-\alpha)k_t^\alpha \quad (4.3.11)$$

如图 4-4 所示，45°线是平均资本不变的稳态条件，将 k_{t+1} 表示为 k_t 的函数，当 45°线与 k_{t+1} 函数相交于一点时，正是 k_t 不等于 0 时，k_{t+1} 与 k_t 相等的点。k^* 是全局稳定的，不论 k 的初始状态如何，只要不等于 0，都收敛于 k^*。一旦经济收敛于平衡增长路径，储蓄率不变，单位有效劳动的产出以 g 的速度增长，资本—产出比不变等性质，与索罗模型以及拉姆齐-卡斯-库普曼模型关于经济增长的性质一样。

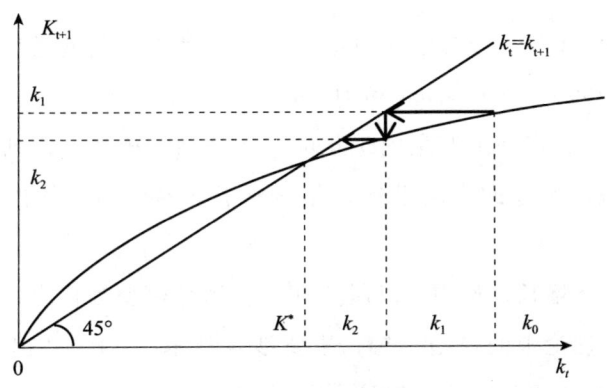

图 4-4　k 的相图

不同之处在于，戴蒙德模型的收敛速度总是快于索罗模型，而且与拉姆齐-卡斯-库普曼模型最大化代表性家庭福利不同，戴蒙德模型中不同时间出生的个人获得不同的效用水平。若将福利定义为不同代人效用的加权之和，并且赋予不同代人的权属是任意的，就无法预期分散型经济会最大化福利。由于效率的最低标准在于均衡为帕累托有效，这说明戴蒙德模型甚至连这个标准也不必满足，同时，戴蒙德模型中的平衡增长路径上的资本存量可以超过黄金律水平，这更放宽了构建经济增长理论模型的限制，所以本书对于"中等收入陷阱"的理论模型构建，是在借鉴戴蒙德模型的基础上进行的。需要说明的是，该模型源于经济跨期结构的无效率与传统来源的无效率不同，如果戴蒙德经济中存在计划者，当资本存量大于黄金律水平时，则把资源在代际进行转移的方法比储蓄更为有效，计划者可以在分散配置的基础上进行帕累托改进。

在上述新古典增长理论模型中，资本收入反映了资本对产出的贡献，并且当资本收入在总收入中的占比适中时，资本积累既不能充分解释长期增长的主要原因，也不能对国家间收入差异做出解答，从而引出最关键的因素在于能够代表知识和技术的劳动有效性。

三、内生经济增长理论

20世纪90年代，经济学界对新古典增长理论的模型做出了进一步探索，Romer（1990）、Grossman 和 Helpman（1991），以及 Aghion 和 Howitt（1992）等提出了将外生变量内生化的新经济增长模型，逐渐发展成为引领经济增长理论变迁的主流思想，并形成了学界所熟知的内生经济增长理论[1]。

在内生经济增长理论中，以研究和开发增长模型为代表，其一般形式同新古典增长理论中的模型一样，主要涉及技术（A）、产出（Y）、劳动（L）和资本（K）四个变量，以及制造产品的生产部门和增加知识存量的研发部门。劳动力中工作于研发部门的人数占比为 a_L，其余劳动力工作于

---

[1] 内生经济增长理论又称"新经济增长理论"，该理论的相关模型将劳动的有效性明确解释为技术或知识，分析当劳动有效性内生时经济的动态学。

产品生产部门；资本存量中用于研发部门的资本数量占比为 a_K，其余资本用于产品生产部门。所以，t 时生产的产品数量为：

$$Y(t) = [(1-a_L)K(t)]^\alpha [A(t)(1-a_L)L(t)]^{1-\alpha}, \quad 0 < \alpha < 1 \tag{4.4.1}$$

这个生产函数与新古典增长理论模型中的柯布—道格拉斯生产函数的假设基本一致，不同之处在于 $1-a_L$ 和 $1-a_K$ 两项以及对函数形式的限制。该模型的知识积累或技术进步由投入研发部门的劳动、资本数量和技术禀赋确定：

$$\dot{A}(t) = B[a_K K(t)]^\beta [a_L L(t)]^\gamma A(t)^\theta, \quad B>0, \beta \geq 0, \gamma \geq 0 \tag{4.4.2}$$

这一知识的生产函数表明 gA 为正数。上式中的参数 θ 反映了现有知识存量对研究与开发成功与否的作用效果，这种作用可能是积极的（$\theta>0$），也可能是消极的（$\theta<0$）。当 θ 大于 0 时，说明过去的发现可能为将来的创新提供思想和方法，从而使创新更为容易；当 θ 小于 0 时，则说明最先获得的研究成果可能是较为容易的，知识存量越大，得到新的发现就越难。

在不考虑折旧，储蓄率和人口增长率都为外生的假设条件下，研究与开发模型的更一般的情形是令 α 和 β 等于 0，这种特殊情形下，模型的核心信息更容易被挖掘出来。因而有模型在不考虑资本时，描述知识积累动态变化的如下生产函数形式：

$$Y(t) = A(t)(1-a_L)L(t) \tag{4.4.3}$$

此时新知识的生产函数变为：

$$\dot{A}(t) = B[a_L L(t)]^\gamma A(t)^\theta \tag{4.4.4}$$

可以将新知识的增长率 g_A 表示为：

$$g_A(t) \equiv \frac{\dot{A}(t)}{A(t)} B a_L{}^\gamma L(t)^\gamma A(t)^{\theta-1} \tag{4.4.5}$$

从而有 $\dot{g}_A(t)$ 的表达式：

$$\dot{g}_A(t) = \gamma n g_A(t) + (\theta - 1)[g_A(t)]^2 \quad (4.4.6)$$

新知识的增长率的初始值由模型的参数以及 A、L 的初始值确定，(4.4.6) 式则决定了新知识的增长率的动态变化路径。通过对 θ 大于、小于 1 和 θ 等于 1 三种情况的讨论，可以进一步描述新知识增长率的动态变化，从而更好地描述单位有效劳动产出的变化情况。

第一，当 θ 小于 1 时，知识增长率的动态变化如图 4-5 所示。当 g_A 取值较小时，$\dot{g}_A$ 的运动轨迹位于 g_A 线的上方，此时 $\dot{g}_A$ 大于 0；当 g_A 取值较大时，$\dot{g}_A$ 的运动轨迹位于 g_A 线的下方，即 $\dot{g}_A$ 是小于 0 的。当 $\dot{g}_A$ 等于 0 时，存在唯一的知识增长率 g_A^* 与之对应，此时的 g_A^* 可以表示为如下形式：

$$g_A^* = \frac{\gamma}{1-\theta} n \quad (4.4.7)$$

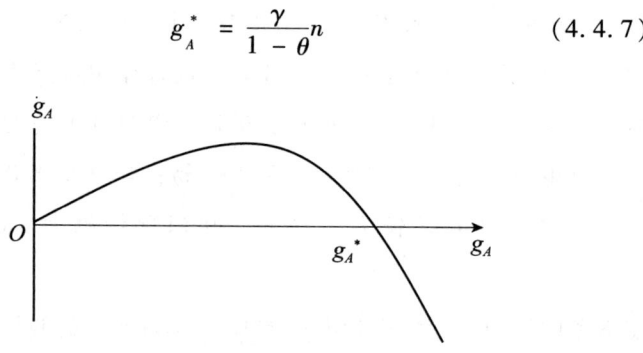

图 4-5 知识增长率的相图 I

这意味着不论经济的初始状态如何，知识的增长率都收敛于 g_A^*，一旦 g_A 达到 g_A^*，知识和人均产出都会以 g_A^* 的稳定速度增长，因而可知经济发展位于平衡增长路径。这种情况下的内生增长模型与新古典增长模型的不同之处，主要是单位有效劳动增长率并非由外生性的技术进步确定，而是在模型内部确定的。对于该模型来说 A 表示为世界任何地方都能使用的知识，所以这一模型意味着在世界范围内，世界人口的快速增长将使得全世界的产出增长率快速提升。同时，在不考虑资源约束的情况下，做出新发现的人随着人口的越多而增多，从而越有利于世界知识的增长。

第二，当 θ 大于 1 时，知识增长率的动态变化如图 4-6 所示。结合

(4.4.6)式中的方程可知,此时的$\dot{g}_A$都是大于0的,同时,由于知识的增长率g_A一定大于0,所以$\dot{g}_A$关于g_A是逐渐增加的。从图4-6可以看出,与第一种情况的主要差别在于,此时的经济增长率并非收敛于一条平衡增长路径,而体现出持续增加的特征。

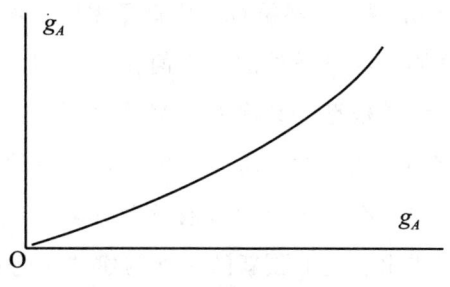

图4-6 知识增长率的相图Ⅱ

该模型的意义在于,揭示了知识积累对新知识产生的重要作用,以至于知识积累的增加所引致的新知识的大量产生,使得知识增长率保持上升趋势。这对本书从人力资本积累的角度构建多均衡经济增长的理论模型具有重要启示。此外,知识积累一旦开始就必然使经济进入产出不断提高的增长路径,这也是模型的另一重要结论。

第三,当θ等于1时,知识增长率的动态变化如图4-7所示。此时的知识增长率相图与θ大于1时类似,区别在于现有知识正好足够生产足够的新知识,使得新知识的生产与知识存量成正比例增加。

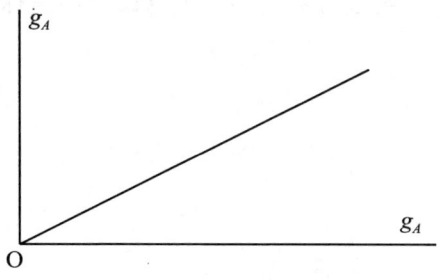

图4-7 知识增长率的相图Ⅱ

在这种情形下,g_A和$\dot{g}_A$的分别可以表示为如下形式:

$$g_A(t) \equiv Ba_L^\gamma L(t)^\gamma \qquad (4.4.8)$$

$$\dot{g}_A(t) = \gamma n g_A(t) \qquad (4.4.9)$$

模型中，经济社会生产的产品都会被消费掉，所以 $1-a_L$ 可以理解为社会资源中用于生产现期消费品的比例，a_L 就是社会资源中用于生产新知识的比例，从而可将 a_L 视为对经济社会中储蓄率的一种度量。据此，该模型提供了有关储蓄率影响经济增长的一个简化式模型，这种形式的模型就是学界所熟知的线性增长模型，又称为"AK模型"，这种模型以其简洁性得到了内生增长研究的广泛注意。研究内生增长理论的一个重要动机是希望理解长期增长的差异，在该领域的多数学者看来，差异的源泉就在于知识或技术进步，这对本书从企业创新的角度构建"中等收入陷阱"的理论模型意义重大。

四、小结

从人力资本积累和创新的角度研究国民收入增长，在经济学研究领域历久弥新。其包括马克思社会再生产理论、新古典增长理论和内生增长理论在内的经济综合平衡增长等理论，都揭示了物质资本、人力资本积累和创新等要素在经济实现长期稳态增长的重要作用，进行适度人力资本积累和创新从而实现国民收入增长，进而跨越"中等收入陷阱"是经济学研究和各个国家当局追求的关键目标之一。本书研究的主体思想实现了对这一学术传统的继承。

第五章

"中等收入陷阱"及其影响因素文献解析

第一节 现代人力资本理论的发展及其对国民收入增长的影响

经济增长理论的不断发展伴随着许多新理论的产生,其中,以现代人力资本理论为代表,就是围绕人力资本与经济增长的关系分析而出现的。经济学家们经过近百年的深入研究,陆续取得了一大批研究成果,使现代人力资本理论得到不断发展和广泛运用。国内外学者普遍认同的人力资本与国民收入增长间的相互关系,从研究方向角度大致可分为两类:一是人力资本积累影响国民收入增长;二是国民收入增长影响人力资本积累。本书的人力资本文献研究也将从上述两类相关研究成果展开。

一、现代人力资本的理论发展

20世纪30年代,美国经济学家舒尔茨(Schultz)在从事以农业为基础的经济问题研究过程中发现,单纯生产要素投入数量上的增加并非促使美国农业产量迅速增长的主要原因,关键在于劳动力的知识和技能水平的提升[①]。此后,舒尔茨又提出了一系列有关人力资本概念、形成方式及途径的论断,他的主要贡献包括:批判了古典学派关于劳动力同质的概念界定;建立了包含人力资本积累特征的资本积累分析方法;对人力资本积累

---

① 舒尔茨指出:本书对于资本和劳务的数量投入的惯用测度方法,在很大程度上忽略了这些要素在质量上改进产生的重要作用,将这种狭义的估计方法用于解释美国经济增长是不科学的。人力资本的积累和质量改进对经济增长的重要作用已经为经济学家们所重视,因而有必要提出有关人力资本的理论。

中的教育投资进行了系统性研究。他还通过教育投资方面的定量分析，深入研究了人力资本积累对经济增长的具体影响，舒尔茨因一直致力于这方面的研究并开创了现代人力资本理论，而被学界誉为"人力资本之父"。尽管舒尔茨率先明确阐述了人力资本理论，但他的研究较为注重人力资本的宏观分析，并未形成人力资本的微观模型，所以分析存在一定的不足。

与舒尔茨同一学派的经济学家贝克尔（Becker），在舒尔茨的基础上，对人力资本理论进行了完善，从而成为芝加哥学派研究人力资本理论的主要代表人物之一。贝克尔以微观经济理论为基础进行的人力资本研究，在很大程度上弥补了舒尔茨的研究在微观层面的欠缺。他认为，人力资本积累是用于增加劳动力综合能力以影响未来收入和个人效用的一种投资，应该成为资本积累的一种形式，从而拓展了资本的概念①。贝克尔对人力资本的微观层面分析，主要体现在教育积累和在职培训以及收入—年龄曲线等问题的研究。他指出，劳动力的消费支出可分为现在福利和未来福利获得性支出两种，人力资本积累正是劳动力为获得未来福利的一种支出，并且人力资本积累量的决定性因素在很大程度上由这种积累或投资的预期收益率决定。除了在理论上的成果，贝克尔还提出了人力资本积累量的可行性测度方法，并通过经验论证，阐明了人力资本积累对收入和就业的积极影响。贝克尔提供的分析框架对人力资本理论体系的形成贡献卓著。

同一时期，明塞尔的研究也对人力资本理论的发展起到了巨大的推动作用。他认为，职业并不是造成收入差异的重要原因，而是自由选择条件下劳动力基于个人效用最大化进行不同程度人力资本积累造成的②。同时，围绕市场、家庭决策和收入等方面，明塞尔率先提出了人力资本积累收益函数，并创建了以受教育年限为指标的人力资本积累收益率模型，深入分析了职业技能培训对收入模式的影响，对人力资本理论不断完善。

1962 年，丹尼森（Denison）在其著作《美国经济增长源泉和可行性

---

① 加里·S. 贝克尔著，梁小民译. 人力资本 [M]. 北京：北京大学出版社，1987.
② 雅各布·明塞尔著，张凤林译. 人力资本研究 [M]. 北京：中国经济出版社，2001.

选择》一书中指出，经济增长主要源于生产要素投入和投入要素的生产率两方面因素。他将生产要素投入划分为两大类：一类是劳动力数量增加和质量提升，另一类是资本投入数量的增长；同时认为资源配置效率、规模效应和新知识的产生和使用三方面是生产要素生产率的重要体现，并深入分析了美国20世纪近50年的统计资料得出结论表明，教育是推动美国经济增长的关键途径，通过接受更多教育等方式进行人力资本积累，与其他形式的投资相比更加重要。丹尼森在衡量教育因素时，忽视了不同层次教育对人力资本形成的重要作用，成为后来学者在人力资本领域进行拓展研究关注的焦点。

归根结底，现代人力资本积累理论是在探寻经济增长根本原因这一问题的答案过程中，经过多位杰出的经济学家们数十年的不懈努力创建和拓展的经济学理论，该理论对人力资本的概念做出了深刻诠释，将人力资本积累视为消费支出中的重要组成部分，详细论证了经过人力资本积累后，具有专业知识技能的高质量劳动力对于促进经济增长的决定性作用。舒尔茨在研究经济增长中发现了人力资本及其积累的重要作用；明塞尔进一步研究了劳动力资本积累与收入的关系；贝克尔运用新古典经济分析框架重点进行了人力资本积累的效用研究等。这一理论的不断完善对资本理论和经济增长理论的进一步发展产生了革命性影响。

二、人力资本对国民收入增长的影响

现代人力资本理论形成以后，诸多学者通过进一步的理论和实证研究，分析人力资本及其积累对国民收入的影响。其中，外国学者在较早时期的研究中占比较大，随着人力资本理论的不断发展及相关研究在中国逐渐盛行，中国的众多学者近年来也对其进行了深入研究，并取得了可圈可点的成果。

Arrow（1962）在承认新增长理论对于技术进步源于知识这一观点的

基础上进一步指出,劳动者的知识积累以及生产经验总结是新知识产生的源泉,而投资的积累可以促进劳动者知识和实践经验的积累,所以技术进步是资本积累的产物,而人力资本积累就是这种积累的重要组成部分。他根据这种观点将技术进步视为资本积累的产物,并因此建立了技术进步内生化的"干中学"经济增长模型,这一模型对人力资本积累与经济增长的关系研究意义重大。宇泽弘文(1965)在阿罗的理论模型基础上,假设社会中存在生产知识和技术的教育部门,这一部门使用的唯一要素是劳动力,从事的活动通过人力资本积累中介的传导,以线性方式生产新知识和新技能,促进劳动生产率和产出的提升。Thurow(1970)认为,人力资本内涵应该包括劳动力生产技术水平、知识体系和特长[①]。Maita(1976)从更广义的角度对人力资本的内涵进行了概括,他指出,人力资本是指劳动力综合能力的总和。具体而言,这种综合能力包括劳动力的体力、道德、爱好、特长和工作态度等可以提高国民收入、促进经济增长的因素。becker(1987)认为,人力资本积累是经过对劳动力投资后,内化于其自身的一种资本,除了包括职业技能和知识储备,还涉及劳动力的健康水平和寿命长短,以及其他能够提升劳动力能力和收入的因素,从而扩大了人力资本积累的范畴。卢卡斯(1988)在其论文中沿用了舒尔茨等人对人力资本的定义,并通过对比不同国家人力资本积累水平指出,劳动力自身综合能力的积累决策比知识存量更能说明一国产出的变动。卢卡斯进一步改进了宇泽弘文模型中的技术进步方程,建立了以人力资本积累效应为核心的经济增长模型,从理论上论证了人力资本是国民收入增长的关键[②]。Jones(1995)的研究虽然将人力资本界定为外生变量,但也认同人力资本的不断积累可以提高国民收入水平。Lopez和Wang(1998)通过研究发现,政策能够以人力资本为中介作用于经济增长。他们认为,市场化程度越高的国家利用教育和技能促进经济增长的可能性越大,并运用14个国家1970~

---

① Thurow, lester C. Investment in human capital [M]. New York: Wadsworth Public, 1970.
② 左大培,杨春学. 经济增长理论模型的内生化历程 [M]. 北京: 中国经济出版, 2007: 209.

1994 年的面板数据进行计量分析指出，教育资源分布与人均国民收入关系密切，而且政策限制下的市场开放程度不足会对人力资本积累造成负面影响，从而改变一国的经济增长率。所以，当一国采取不同政策时，经济社会的教育回报率和人力资本结构也发生改变，进一步作用于经济增长，产生的效果也有所区别。OECD（2006）也对人力资本的内涵进行了简要概括，指劳动力所具备的与经济活动有关的经验、技能和特长等综合素质的总称。

国内对人力资本领域研究的起步虽然较晚，大致开始于 20 世纪 90 年代左右，而且学者们采用的研究方法、模型、指标以及对数据的阶段性不同，测算结果也存在差异，但这些研究都在一定程度上对具体实践产生了积极影响。史清琪等（1993）运用 1952~1987 年中国人力资本和经济增长相关数据研究表明，中国人力资本的贡献率达 12.7%。沈利升等（1997）从教育投入视角对中国人力资本积累水平进行测算，进一步建立回归方程做实证检验得出的人力资本积累的贡献率高达 30.6%。崔宝平（2001）沿用丹尼森的测算方法，得出中国 1982~1990 年和 1993~2004 年两个时间段人力资本的贡献水平分别为 8.84% 和 12.66%。杭永宝（2007）、谭永生（2007）分别基于麦迪逊和卢卡斯的测算方法，对中国改革开放以来的有关数据研究发现，人力资本的贡献水平大致为 9.07% 和 8.3%。张俊莉（2004）、郭继强（2005）认为，人力资本的投资数量与结构都十分重要。人力资本积累水平和结构可以经过产业结构的传导对经济增长造成影响。两位学者在承认人力资本存量重要性的同时表明，人力资本的结构对其效能的发挥更为关键。余常林（2006）也指出，仅从人力资本的数量理解其对经济增长的影响是片面的，还应结合人力资本投资的角度和方向等结构性因素进行全面考察，得出的研究结论才更能具说服力。王晓丹等（2008）通过 DEA 方法对中国区域性人力资本配置的有效性分析指出，劳动力受教育水平是影响资源配置效率低下的重要因素。衣保中等（2010）修正人力资本基尼系数测算方法的基础上，得出了 1996~2007

年中国区域性人力资本基尼系数,进一步分析了中国人力资本的分布和变化等结构性特征。近年来,中国经济发展对具有高水平的专业技能人才需求日益上升,这凸显了通过教育等方式促进人力资本积累的紧迫性,从而应该"多管齐下",普遍赋予人民接受不同层次教育的权利,进一步促进劳动力自由转移,为经济长期均衡增长提供保障①。

目前,学界在人力资本积累及其结构对经济增长影响方面的研究已经比较完备,但从人力资本积累与企业创新相结合的视角切入进行经济增长和"中等收入陷阱"问题的研究较少,因而需要予以足够重视。

第二节 创新理论及其对国民收入增长的影响

创新理论的出现也是围绕"经济增长之谜"这一核心问题产生的,随着经济社会的不断发展,许多经济学家和学者都围绕这一领域展开了深入研究,并产生了许多具有指导意义的成果。

一、创新相关理论的发展

创新与国民收入增长的关系自 20 世纪初以来受到经济学界的持续关注。创新的内涵最早是以技术与经济相结合的方式界定而成的。熊彼特(Schumpeter)是学界公认率先提出创新理论的奥地利经济学家,早在 1912 年他就已指出,创新是建立将生产要素重新组合的全新生产函数,这一新组合的形成并引入生产体系由企业家所主导,企业创新涉及原材料供应、产品生产和组织管理等诸多方面,主要目的在于打破原有的运行状态,最

---

① James. J. Heckman and J. Yi. Human Capital, Economic Growth, and Inequality in China [J]. NBER working paper. No. 18100.

大限度地获得利润①。社会中具备创新实力的企业越多，创新成果不断涌现，经济自然就会向更高水平的均衡增长路径迈进，从而实现一国经济的可持续发展，这也是熊彼特在创新理论中所提到旧均衡被打破与新均衡得以确立的创新过程。Griliches 等（1984）经过对美国制造业的相关数据进行分析发现，全要素生产率提升与企业创新支出具有显著地正相关关系。马歇尔（Marshall）在企业集聚形成产业区的研究中指出，企业的良好运营和发展是在技术和组织等创新驱动下实现的。

弗里德曼（1991）是较早提出产业创新理论的美国经济学家，他在熊彼特创新理论的基础上，进一步提出了"中心—边缘"论，认为创新活动往往是从核心区向周边地区不断扩散的，一方面核心区具有推动创新成果涌现的社会组织系统，另一方面周边地区通过与核心区的依附关系，形成创新组织的子系统，这种创新群的汇集而成的大规模创新系统的不断完善，有利于创新成果的产生和大城市的快速发展。在产业创新方面，Mansfield（1996）的研究也做出了重要贡献，他认为，学术研究与产业创新之间存在密切联系，并深入探讨了两者的互动关系。Lievens 等（1999）提出的科技创新驱动与有效需求拉动的耦合模型，是 20 世纪末双因素创新模型的典型代表，这一研究成果对当时的创新理论和模型发展意义重大。

Doz 等（2000）对企业创新网络理论进行了深入研究并指出，创新网络的形成和发展，需要领先企业进行构建和引领以及后发企业的模仿和自生。在这过程中，领先企业与后发企业都依据企业自身的综合实力，并结合外部条件做出最优决策。不同的是，领先企业主要表现为主动地利用创新网络，选择创新路径；而后发企业则以适应为主，在创新网络中不断调整创新路径，从而形成创新网络与创新路径的不断演化。

Rothwell 对技术创新模型的演变进行了高度概括，他认为，20 世纪的创新模型虽然经过众多学者的研究形成了跨越式的发展，但按时间顺序归

---

① 约瑟夫·熊彼特. 经济发展理论 [M]. 北京：商务印书馆，1990.

结起来不外乎以下四大类：第一类创新模型将创新过程视为简单的线性连续活动，对于创新主体的新技术研发来说，市场在大多情况下处于被动接受研发成果的地位，这种创新模式主要是盛行于20世纪60年代以前；在第二类创新模型中，市场的地位开始转变，有效需求逐步成为研究与开发的主要动力，创新主体的研究成果是对市场需求的一种回应，这种创新模式形成于20世纪60至70年代；第三类是耦合模型，又称为"交互创新模型"，盛行于20世纪70至80年代，创新成果的出现源于市场需求的拉动和创新主体研发推动的合力，如何在两者之间形成良好对接，使供求更加平衡，是这种创新模式的关键之处；第四类是网络整合模型，这种创新主要以信息技术为依托，运用网络集成整合系统和研发仿真模型，将研发队伍、主要供应商、市场销售等紧密联合起来，同时考虑风险联合以及前沿客户与前沿策略的联合，使合作更具弹性，同时注重研发成果运用于生产的产品质量等非价格因素，这种模式形成于21世纪初。

随着创新理论及其模型的不断发展，相关成果有很大一部分用于解释国民经济发展的相关问题，经济学家和学者们主要从创新和国民收入增长的关系角度展开了以下大量研究。

二、创新对国民收入增长的影响

创新对经济增长影响的相关研究，最先兴盛于西方发达国家，直至20世纪90年代，才在被国内的学者们重点关注。西方经济学家在研究经济增长模型时，对技术进步或创新进行了早期分析，随着时间的不断推移，从事创新与经济增长方面研究的国内外学者辈出。外国学者多从企业的微观视角出发，研究创新与经济发展的关系；国内学者则对宏观层面的创新与增长的分析更感兴趣。

企业作为创新的重要主体，是经济社会创新能力形成的重要部门。在创新对国民收入增长的国外研究中，Griliches 等（1984）通过美国制造业相关数据研究发现，创新投入有利于新技术的产生，将研发成果用于产品制造后，企业的产出水平会得到明显提升。Coe（1995）经过对 22 个国家的数据分析发现，1971~1990 年间，研发（R&D）投入能够提升全要素生产率，进一步会对国民收入增长产生促进作用。Foss（1996）认为企业技术创新作为创新能力的来源，在企业相互之间、企业与个人间形成的交互网络作用下，形成远超企业内部的技术创新，是助推区域乃至一国创新能力增长的原动力。Jones（1999）指出，OECD 国家的产业规模效应源于企业活跃的创新行为产生的积极作用。Cooke（1998）、Uranga（2001）等通过研究也主张，国家的创新能力源于企业之间、企业与高校或科研机构之间的互动，以及企业与社会资本、文化等资源的有机结合。在同一时期，Wakelin（2001）、Kearns 等（2001）分别对英国和爱尔兰制造业的研究也表明，研究与开发投入与劳动生产率的提升存在显著地正向关系。2005年，外国学者 Poh 对 37 个国家数据的分析发现，企业创新对经济增长的影响至关重要。2012 年，外国学者 Paola 通过超越对数函数模型，对意大利的 1203 个制造类企业数据进行分析发现，不论资金源于企业的内部还是外部，技术投入都对其的产出具有重要作用。

在创新对国民收入增长的国内研究中，王瑾（2003）在研究区域发展时认为，技术创新在特征鲜明的区域经济发展中，通过左右主导产业及其结构的形成和变化，进一步对收入增长造成影响。陈英（2004）指出，企业创新可以分为生产过程创新和产品创新，生产过程创新可以提高生产率，进而促进国民收入水平提升；而产品创新主要对产品质量、差异性的作用显著，但对经济增长的影响甚微。吴林海（2008）、李晓宏等（2008）、邵建春等（2008）、刘芳等（2010）运用中国改革开放以后的不同时间段数据，都从创新对经济增长影响的角度进行了计量分析，结果表明：创新投入对国民收入增长的促进作用十分明显。冷湘（2009）、曹泽等（2010）都使用了中国区域性面板数据，在考虑了产业关联度和结构、技术模仿能力、市场化程度和需求等因素的基础上，分析了创新对国民收入增长的正向促进作用。王家庭（2012）在研究创新与经济增长的过程中，根据自创的测度科技创新溢出和经济溢出两个模型，对中国 2004～2008 年各省和直辖市的相关数据进行了深入分析，结果表明：创新支出水平是创新能力的重要影响因素，相比之下，城市化和人力资本水平对创新能力的作用并不明显；同时，科技创新溢出的经济效益在不同地区是存在差异的，更为关键的是科技创新对经济增长的影响力存在进一步提升的可能，并据此提出针对性的政策建议。刘耀彬等（2017）以内生增长理论为基础构建了两部门增长模型，从理论上说明企业创新对经济增长的积极作用，并通过中国各地区的数据，运用面板门槛回归法对创新与经济增长的数量关系进行实证检验，得出的结论是：R&D 投入对经济增长的促进作用十分显著，而且人力资本积累水平的提高有利于创新，进而有利于促进经济增长。所以，建议中国不仅应该增加研究与开发投入，还应因地制宜，稳步提升我国西藏等地区的人力资本积累水平，在巩固人力资本整体质量的基础上，推动经济均衡向前发展。

上述国外学者的深入研究，为本书从企业的视角构建理论模型，研究创新及其对国民收入的影响提供了重要启示。同时，从国内学者的丰富研究成果中可以发现，在创新与增长的实证检验中，只有通过面板数据才能进行较为细致的分析。

第三节 "中等收入陷阱"的相关研究进展

在国内，同许多其他经济学研究一样，"中等收入陷阱"提出后，引起了学者们的对这一经济问题的存在性质疑。江时学（2011）指出，仅依据一个经济体的人均 GDP 在较短时期内的表现来评判其整体经济运行状况的做法是片面的。他通过美国学者罗斯托的"经济发展阶段论"提出，从中等收入向高收入迈进是一个大概需要60年的漫长过程，是大多数国家都要经历的，因而并不存在所谓的"中等收入陷阱"。刘福垣（2011）指出，中等收入水平只是所有经济体在发展过程中的一个特定时期的具体表现，这段时期的长短因国而异，但不能称之为"陷阱"，而应是经济社会的发展规律。但是，大多数研究"中等收入陷阱"的文献集中讨论的内容可以归结为以下四点。

一、不同视角下的"中等收入陷阱"概念界定综述

在"中等收入陷阱"的定义方面，学者们以不同视角对"中等收入陷阱"的概念进行了界定，其中，许多学者从增长经济学视角出发进行了相应诠释。马岩（2009）认为，"中等收入陷阱"问题可以概括为大多数经济体在人均国民收入达到一定水平后经济增长陷入停滞而束手无策的尴尬处境。换言之，其亦是一国如何在宏观层面审慎把握经济稳固、高速增长的关键问题。刘伟（2011）也指出，不能将低收入经济体突破"马尔萨斯均衡"的发展战略应用于中等收入国家[①]，实现对"中等收入陷阱"的跨越本质上是一个增长难题。以发展经济学视角进行的研究中，蔡昉（2011）将"中等收入陷阱"界定为经济体处于特定发展时期的均衡经济状态，具体来说，是中等收入国家中的某种不可持续因素，虽然在既定时期内对人均国民总收入增长发挥了积极作用，但这种有力影响最终被其他因素所抑制，经济发展又徘徊于最初收入水平的超稳定状态。权衡（2010）也持类似观点，他对"中等收入陷阱"作如下定义：中等收入经济体因缺乏经济发展的内生动力，过多依靠外生条件，发展模式无法成功转型导致的经济停滞状态。

[①] 根据当时世界银行的标准，将人均国民收入在1036~12615美元区间的国家视为中等收入国家，同时将中等收入进一步划分为中低收入和中高收入两类，前者的标准为1036~4085美元，后者为4086~12615美元。

二、"中等收入陷阱"的成因分析综述

在"陷阱"的成因分析方面，国内外学者们通过分析世界各国的经济发展历程，描述经济体处于"中等收入陷阱"的一般特征，同时指出导致经济体落入"中等收入陷阱"的主要因素。主要观点如下：

（一）制度和政策的不合理或不完善

针对处于"中等收入陷阱"的东南亚和拉丁美洲发展中国家的研究中，Felipe（2012）、Eva Paus 等（2009）、Caglar Ozden（2006）指出，包括阿根廷、巴西和智力在内的拉丁美洲国家自身的制度体系不完善，导致高端人才大量流失，人力资本得不到有效积累等一系列问题的产生，难以实现经济发展模式的彻底转变，是走进"中等收入陷阱"的主要诱因；朱富强（2016）、张旭华（2014）、杜传忠等（2011）也认为，由于宏观经济政策调整滞后，不能适应经济社会的新情况；政治体制中存在诸多弊端，使得腐败行为频发；发展过程中不注重公平，引起贫富差距过大等原因导致拉美国家始终不能摆脱"中等收入陷阱"。

（二）产业调整滞后和人力资本约束

刘伟（2016）、徐瑾（2014）、Eichengreen（2012）在研究东南亚经济过程中指出，马来西亚、菲律宾等国达到中等收入水平后，劳动力成本不断提升，加之产业调整滞后，不仅仍维持产品的劳动密集化生产，而且在技术密集型产品的制造上竞争力屡弱，从而指出这些国家要逐步摆脱"中等收入陷阱"，应将培育并利用本国的比较优势放在首要位置。

（三）技术水平发展缓慢

美洲开发银行经济学家（2006）指出，拉丁美洲国家经济停滞不前，无法走出"中等收入陷阱"是由于不重视自主研发和科技创新，科研支出占 GDP 的比重较低，难以形成创新驱动型经济增长模式。认为，拉丁美洲国家达到中等收入水平后，仍以生产劳动密集型产品为主，同时又丧失了

劳动力成本较低的比较优势。Kenichi ohno（2009）以各国处于不同的发展阶段所具备的主要特征为依据指出，一国发展中期主要依靠借鉴外国先进技术和经验，促进经济繁荣，例如马来西亚；发展中后期主要依靠本国逐渐掌握的成熟管理手段、产品质量优异等方面的竞争优势，巩固经济地位，如新加坡和韩国；发展后期主要依靠科技创新和科研成果迅速转化为生产力，引领全球经济，美国、德国、法国就处于这一时期。他认为，许多发展中国家在技术方面由于没有实现从发展中期向中后期的重大转变，从而走入"中等收入陷阱"。三是金融体系不健全和外部经济冲击影响。张平（2015）、丁一凡（2015）等认为，当20世纪末的金融危机波及至亚洲时，由于东南亚一些国家的金融机制不健全，无法应对突发的货币危机，使得本币贬值并导致大量资金外流，造成这些国家的经济从此一蹶不振；此外，国内债务危机、内部结构性因素和地产泡沫等一系列连锁反应，也是阻碍经济持续发展的不利因素。

（四）收入差距过大与经济增速放缓恶性循环

根据倒"U"型曲线①的分析逻辑，经济体在发展过程中出现不平等的情况不能有效解决时，会使经济陷于停滞，而增速放缓会进一步加剧收入的不合理分配等一系列社会问题，这些社会问题的产生也将对经济增长形成诸多障碍，形成收入差距拉大与增速放缓的恶性循环。焦晓云（2016）、杨丽（2013）、张德荣（2013）、钟玉琴（2011）、郭真等（2011）都认为不公平、收入差距过大是一些市场经济国家无法跨越"陷阱"的主要原因，收入分配不合理也是"中等收入陷阱"成因研究中使用频率最高的关键词。并且从指标上看，这些国家的基尼系数都超过了0.4的国际警戒线。

（五）有效需求中的消费需求不足

辛本建（2011）在承认收入分配持续不合理、科研创新进展缓慢、环

---

① 根据库兹涅茨的假说，随着经济体的不断发展，社会的不公平程度会依次呈现不断上升和逐渐下降的趋势，倒"U"型曲线由此而来，许多落入"中等收入陷阱"的国家就是在倒"U"型形成的中间阶段陷于困境，经济停滞不前从而无法形成一个完整的"U"型曲线。

境资源制约等风险因素都是中国掉入"陷阱"催化剂的同时强调，国内消费需求不足问题的解决，应该放在首要位置进行化解。周学（2010）、高杰（2012）认为，一国经济按照收入水平由低到高的顺序可划分为四个发展阶段：农业经济、轻工业经济、重工业经济和服务业经济，这种以收入与产业相结合的阶段划分是由市场机制中消费者需求引导的必然结果，而且经济发展的不同阶段取决于相应需求在总需求中的重要程度。对大多数国家而言，当饮食需求占主导地位时，经济总体处于以农业为主的发展阶段；当衣着需求占主导地位时，经济则处于轻工业经济发展阶段；住行需求占主导地位引领着重工业经济的发展；服务需求的主导地位对应的是以服务业经济为主的发展阶段。上中等收入国家普遍处于重工业经济发展时期，以住行为主导的有效需求不足，必然导致经济增长乏力，难以实现对"中等收入陷阱"的跨越。所以，他们主张合理扩大消费者需求，通过需求拉动经济增长的进路规避"中等收入陷阱"风险。

三、"中等收入陷阱"的理论和实证模型构建综述

（一）理论模型

在有关"中等收入陷阱"的研究中，进行理论分析的文献占比最小，这一方面说明对于"中等收入陷阱"的成因解释缺乏理论支撑，另一方面说明该领域的理论研究存在取得突破的空间。陈健（2016）从理论层面以技术模仿应避免制度陷阱为出发点，提出摆脱利益束缚且廉洁高效的政府是一国经济增长的关键；贺大兴等（2014）以资源禀赋占有上的不平等为契机探讨中等收入国家落入陷阱的两种途径，主张从教育和改革两方面寻求新增长点。

（二）实证研究

湛泳等（2017）认为创新活动可以通过收入分配、产业结构和国内需求3个中介影响人均国民收入，并利用区域性数据进行了实证分析，结果

表明包容性创新一方面可以缩小收入不合理差距；另一方面可以在优化产业结构的同时缓解有效需求不足等问题，从而促进经济可持续发展和人均国民居民收入的稳步提升，有利于经济体实现从中等收入向高收入的跨越。代法涛（2014）运用广义矩估计的计量方法对40多个国家的数据分析发现，投资、消费和技术对国民收入的增加具有重要意义；秦佳等（2014）将近30个国家GDP增长率进行分解后指出，劳动生产率和人口红利是国民收入的最重要影响因素；战明华等（2014）以无约束的VAR方程组对部门异质性和国民收入的关系进行计量研究发现，个体或私人投资比例的增加对经济增长作用显著。李红艳等（2012）通过实证分析发现，社会群体之间的贫富差距过大、政府主导的科研经费支出不足等因素是经济体深陷"中等收入陷阱"的重要原因。

四、避免落入"中等收入陷阱"的对策综述

在对策方面，学者们在深入分析了发展中国家深陷"中等收入陷阱"的成因和发达国家摆脱这一陷阱的有效措施后，并积极探讨提高人均国民收入、促进经济增长的政策建议有以下几点。湛泳等（2017）以包容性创新为切入点指出，具有参与公平、普惠人民和提升生产率等特征的包容性创新，对跨越"中等收入陷阱"至关重要。龚刚（2016）强调，改革是中国规避"陷阱"的重要手段，包括深化国有企业改革以消除垄断，充分调动财务和规模优势以支持企业的技术进步，引入竞争机制以解决委托—代理问题等。刘馨颖（2015）在分析日本税制的基础上，建议完善我国税收制度，并通过立法保障其有效实施，同时辅之以税收优惠政策助力国民经济平稳发展。李实等（2014）主张健全劳动力市场，通过提升市场配置人力资源的基础性作用，消除劳动力市场的歧视和分割问题，合理提高劳动力要素报酬以及保障弱势劳动者相对公平的发展和竞争条件等措施完成对"中等收入陷阱"的跨越。朴馥永（2013）总结出韩国跨越收入陷阱的经

验以资借鉴，包括产业结构调整、大力发展对外贸易、鼓励知识积累和技术创新以及缩小劳动者收入差距等。Jankowska（2012）、刘伟（2012）还以城市化进程为切入点，他们认为，城市化水平不足和过度城市化都会对经济增长造成不利影响，只有对城市的规模大小、产业结构和区域分布进行合理布局，才能成功跨越"中等收入陷阱"。周文等（2012）认为，跨越"中等收入陷阱"应从推进市场"无形之手"和明确政府"有形之手"两方面发力，以"市场为主，政府引导"的理念着力进行结构调整。Wing Thye Woo（2010）认为，马来西亚等中等收入国家应推进当局的财政和司法体制改革，增加教育和科技研发投入，健全监督机制，以带动经济社会逐步向高收入水平迈进。

上述学者虽然对这一领域研究得比较全面，但由于讨论过程中多用经验和现象为论据，理论分析较少。因此，本书认为应该综合运用理论和实证相结合的研究方法，在经济学理论分析的基础之上，探究国民经济运行过程中影响收入的主要因素，分析这些因素间的相互关系及其对跨越"陷阱"的有效性，从而有根据地提出中国规避"中等收入陷阱"风险的确切方案。

五、结论

结合上述人力资本积累、创新对经济增长、跨越"中等收入陷阱"的作用，得出的主要评价如下：

以人力资本积累和企业创新为契机研究对"中等收入陷阱"的跨越是当前"中等收入陷阱"研究领域的主流取向。围绕人力资本积累对企业创新成果中专利授权数量等指标的影响，学界目前已经取得丰硕成果并形成广泛共识，而企业创新对人力资本积累的影响及其在人均国民收入增加、跨越"中等收入陷阱"过程中的作用程度，在经济增长理论的框架下已然成为研究的新趋势，目前，致力于统一增长理论研究的美国经济学家盖勒等人做出了重要的增量贡献。他们试图通过构建理论模型解释长期以来不同国家的经济发展历程。但总的来说，从上述角度进行"中等收入陷阱"问题的理论研究成果不多，对于国内而言更是如此。本书的研究内容与经济增长领域中的这一新趋势十分贴合。

　　研究人力资本积累、企业创新以及两者的协同关系对国民收入增长和"中等收入陷阱"的跨越，为市场经济国家向高收入水平迈进的研究提供了新思路。既然人力资本积累可以促进企业创新能力提升，那么后者对前者的影响应该得到进一步明确，并且有利于创新的最适度人力资本积累的比例情况也应该明确，在此基础上，进一步分析人力资本积累和企业创新及其互动条件下经济总量的变化情况，从逻辑上说明为何经济体位于不同均衡增长路径，分析市场经济国家落入"中等收入陷阱"的根本原因。为了更好地解答上述问题，本书在新古典增长理论框架下构建了包含人力资本积累和企业创新的世代交叠模型，在求解最适度人力资本积累的基础上，分析经济体运行于不同平衡增长路径的增速差异，为跨越"中等收入陷阱"的研究打下更加稳固的理论基石。

第六章
人力资本积累与企业创新关系的理论与实证研究

本章的研究主要分两步：第一步是在回顾有关研究的基础上运用新古典增长理论，通过世代交叠（OLG）模型建立理论框架，分析人力资本积累和企业创新的策略性互补效应的存在性，从而推导有利于创新的最优人力资本积累比例，目的在于为下一章理论推导不同人力资本水平和企业创新互动情况下的产出情况以及得出经济体位于不同增速时的均衡增长路径等宏观经济分析提供微观基础；第二步是以理论分析为前提的实证检验，考察人力资本积累与企业创新的互动关系，从而为接续章节计量模型的建立提供分析依据。本章内容的创新之处在于：一是建立了人力资本积累和企业创新互动的理论分析框架，在一定程度上弥补了以往研究对二者之间单向影响理论分析的不足。二是在人力资本积累与企业创新互动机制研究过程中推导出最优人力资本积累比例。三是运用科技创新中心城市与中国的最新数据，对两者的计量关系进行检验。

第一节 人力资本积累与企业创新的作用和影响

一、人力资本积累、创新对国民收入增长意义重大

自21世纪初，我国加入世界贸易组织（WTO），同时也是成为中等收入国家以来，逐渐参与到日益加速的经济全球化活动中，在对外开放水平稳步提高的大环境下，企业经受的竞争激烈程度与日俱增，培养企业的自主创新核心能力，是当今中国企业做大做强并贡献更多GDP的关键。2010年中国成为上中等收入国家以来，经济逐渐显露中高速的增长特征，人均国民收入还未达到世界银行定义的高收入国家水平，应该提高警惕以避免落入"陷阱"。回顾以往长期处于中等收入区间国家的发展历程，之所以出现就业形势严峻、收入分配不公和投资收益骤减等情况，实质问题在于

这些国家做更大、更好"蛋糕"的能力有限，也就是企业缺少核心竞争力。作为新兴发展中国家，中国以创新和人力资本积累推动技术进步，促进经济实现中高速增长，已经成为当前中国经济社会平稳发展，跨越"陷阱"的重要条件，所以，深入研究人力资本积累和企业创新的相互关系十分关键。事实上，中国面临的"陷阱"风险，同样存在于其他中等收入市场经济国家，如果经过研究能较好地解决中国经济社会现存的问题，那对其他中等收入国家或是已经落入"陷阱"的国家也一定大有裨益。在本书第五章的文献回顾中，已经分别做了人力资本对国民收入影响，以及创新对国民收入影响的相关文献述评，本节内容则是专门针对人力资本积累与企业创新两者关系的文献分析，并在此基础上进行简要评价，从而引出本章的理论模型。

二、人力资本积累与企业创新的相关研究

人力资本包括受教育程度、劳动熟练程度和科学文化修养等，是劳动者综合能力的体现，同时，人力资本作为科技创造和知识积累的能动主体，是企业创新活动的重要组成部分。学者们对人力资本及其积累与企业创新的关系研究由来已久，代表性文献主要包括：在第二章中已经提到 Becher（1964）对人力资本的定义及其理论的贡献，事实上，他还对从微观角度分析了人力资本与企业的关系，为此后学者的人力资本研究打下了坚实的微观经济分析基础。Romer（1986）的研究侧重于人力资本的知识积累，指出人力资本是知识积累的重要载体，对知识的"溢出效应"起主导作用，具备专业知识的人力资本能够使企业更具创造力。Lucas（1988）认为，人力资本是技术前沿产生改变的关键力量，进一步在理论模型中突出了人力资本对增长的核心作用，对后来学者在人力资本定量分析方面产生了积极影响。随着量化分析方法的广泛使用，Barney（1991）发现，一国的人力资本投资与技术进步关系密切。Wright（1994）也指出，人力资

本积累程度与技术突破能力正相关，企业制造产品的质量随着劳动力的人力资本水平提升而增加。Earl（2001）运用相关数据对人力资本积累与企业创新的计量关系进行的实证检验表明，人力资本能够促进创新成果的产生。Chesbrough（2003）经过研究发现，企业出现技术进步后，劳动力的已有技能可能弱化或失效，从而激励劳动力增加人力资本投资，以适应新技术的产生和应用。吴爱华（2012）在人力资本专用性与渐进性创新方面的研究表明，两者存在显著地正相关关系。卢馨（2013）的实证研究发现，受教育程度和工作经验等方面的人力资本积累对创新具有正向促进作用。付辉辉（2014）使用面板数据的分析结果显示，与其他因素相比，人力资本积累对企业创新的影响更为积极。胡凤玲（2014）认为，人力资本异质性之所以能够对企业的创新成果产生积极作用，是通过知识创造的这一中介实现的。林洲钰（2015）在企业集团化经营过程中的人力资本积累研究中指出，企业的技术突破的可能性随着人力资本水平的提高而增加。韩斌（2015）通过分析指出，相对而言，企业的研发投入和技术突破能力更能促进创新型人力资本的增值，即企业创新能力提升会对劳动者人力资本投资产生正向激励。于茂建（2016）对制造业中创新与人力资本的量化分析结果表明，二者不仅存在显著的正相关，而且经过计量模型检验，得出的参数也为正值，从而验证了人力资本积累对企业创新的积极影响。陈志军（2016）进行的家族企业相关研究发现，创新能力随着创新支出减少而下降，这不仅会阻碍企业的国际化进程，还可能催生人力资本冗余等问题。杨雪娇（2016）指出，上市公司中劳动力的受教育程度和工作经验等人力资本积累情况，是企业创新能力突出与否的重要前提条件。

第二节　人力资本积累与企业创新的理论模型

在世界各国突破低收入均衡后的工业化进程中，人口转型与劳动力增加人力资本积累总是相伴出现，从而使得一些学者经过研究指出，正是人力资本在社会产品生产中的作用日益提升，对家庭在人力资本积累方面的支出产生了积极影响。Galor 和 Weil（2000）、Galor 和 Moav（2002）指出，在产业革命的第二阶段，技术进步率的上升引致了更大的人力资本积累需求，使得劳动者增加人力资本投资支出。Benhabib 等（2005）认为，当一国经济发展突破马尔萨斯均衡以后，技术前沿的改进日趋复杂，在这种基本处于中等收入水平的情况下，人力资本的积累和形成在创新成果产生过程中扮演着越发重要的角色，受教育的劳动者更有可能改进技术前沿。上述学者的分析对本章理论模型的构建具有重要启示。

一、世代交叠模型（OLG）中的人力资本积累

依据 Diamond（1965）、Agion 和 Howitt（1992）等人的构建世代交叠模型的一贯逻辑，本书假定劳动力和企业的生命分为青年和老年两个时期，同时假定劳动力既不偏好风险也不厌恶风险，在这种风险中性的条件下，进一步将企业生产过程中的劳动力总量标准化为1，在劳动者的效用大小取决于消费的条件下，可知 T 代单位化劳动力的总效用为：

$$U_T(C^1, C^2) = C^1 + \frac{1}{1+z}C^2 = Y(J, h) \qquad (6.2.1)$$

其中，C^1 和 C^2 分别是第 T 代劳动力在青年和老年时期的消费情况，由于两个时期的消费存在时间间隔不能进行简单加总，所以总效用等于对年老时期消费进行一定比例的折算后的效用与青年时期消费效用之和。(6.2.1) 式中的 z 就是折现率。效用源于消费，而消费源于工资收入，工资收入则源于企业创新（J）和劳动力人力资本积累（h）这两个主要因素的共同作用，所以效用函数也可写出产出函数 $Y(J, h)$ 的形式，这对下文的理论推导具有重要意义。

大体上讲，劳动力的人力资本积累源于两种渠道：一是对前一代劳动力资本的继承；二是取决于劳动力的人力资本投资决策。在代际之间存在

劳动力资本传递的条件下，根据卢卡斯（1988）年对劳动力资本跨期效应的描述可知，两代劳动力之间的资本传递存在一定程度的效率损失，当考虑这种折旧的情况时，后一代劳动力获得资本，是前一代劳动力所积累资本中扣除折旧的部分，因而劳动力的人力资本如下所示：

$$h_T^1 = (1-k)H_{T-1}^2 \qquad (6.2.2)$$

（6.2.2）式中的 k 为人力资本传递的效率损失比例（折旧率），H_{T-1}^2 为第 $T-1$ 代劳动力老年时期拥有的资本，表达式如下：

$$H_{T-1}^2 = \int_0^1 h_{T-1}^2 dh \qquad (6.2.3)$$

（6.2.3）式的经济学意义在于：劳动力在年老时期拥有的人力资本水平，源于其自身的人力资本积累，在数学表达式上，用积分 $\int_0^1 h_{T-1}^2 dh$ 进行表示。将（6.2.3）式代入（6.2.2）式，可得劳动力在第 1 期的人力资本水平为：

$$h_T^1 = (1-k)\int_0^1 h_{T-1}^2 dh \qquad (6.2.4)$$

第 T 代劳动力青年时期的教育投资，可以增加老年时期的人力资本水平。令 m 为完全竞争条件下第 T 代标准化劳动力投资于教育的时间比例，因而劳动力在老年时期时的人力资本量可以表示为如下形式：

$$h_T^2 = (1+m^p)h_T^1 \qquad (6.2.5)$$

其中，m 的取值在 0 和 1 之间，p 为教育投资条件下的生产力参数。由此可知，劳动力投资于人力资本积累的产出水平，一方面取决于对前一代的继承，另一方面取决于青年时期受教育的时间比例。将（6.2.4）式代入（6.2.5）式可得第 T 代劳动力老年时期的人力资本水平如下所示：

$$h_T^2 = (1+m^p)(1-k)\int_0^1 h_{T-1}^2 dh \qquad (6.2.6)$$

综上所述，第 T 代劳动者青年时期和老年时期的人力资本积累情况，分别可由（6.2.4）式和（6.2.6）式看出。以此类推，每一代的劳动力在青年和老年时期的人力资本积累都可以进行类似表述。至此，对劳动力进行人力资本积累情况的描述基本完成。

二、世代交叠模型（OLG）中的企业创新

在研究与开发（R&D）经费全由企业支付的假设条件下，R&D行为产生的技术突破，会因技术的正外部性特征，随着社会的不断运转得到普及和大规模商业应用。进一步假设所有企业生产的产品在新技术出现的下一时期独立拥有该技术的所有产权，此后一段时间其他企业通过技术模仿使得所有企业的产品质量逐渐相同。因此，在规模报酬不变条件下的生产函数可表示为：

$$S_T^i(Q) = J_T^i(Q) h_T^i \quad (6.2.7)$$

（6.2.7）式中 $J_T^i(Q)$ 代表企业 Q 在第 T 代第 i 期拥有的技术集，由于上文已经假设每一代的企业只存在两个时期，所以 i 的取值有两个（1或2）。h_T^i 则代表第 T 代第 i 期该企业所雇用劳动力的人力资本水平。在企业产出取决于已有技术集和人力资本水平的假设条件下，进一步将价格标准化为1，那么该企业的总产量可以表示为 $J_T^i(Q) \ h_T^i$。

在企业科研成果能够及时得到转化并投入产品生产的条件下，计划将第1期所生产总产品中的一定比例 λ 用于创新性投入，持续时间覆盖第1期。科研投入不是总能带来同比例的新技术和产出的同倍增长，只有当第1期的创新投入取得技术突破，企业才可以在第2期运用新技术从事生产活动并拥有相应的技术产权。在产权保护下，企业在第2期独自享有研制出的新技术，但在技术外部性和产权有效期的共同作用下，假设这一科研成果在第2期结束后得到普及。事实上，技术的先进与否是比较而言的，科研投入的多少也是一个相对的概念。进一步假设企业的科研投入接近特定比例 λ^*（介于0和1之间）时，才有收获创新成果的可能，这种可能性 μ 介于0和1之间，并且创新一旦成功将对企业的总产出增长形成可观的促进作用。如果 R&D 投入比例小于 λ^*，那么企业的创新可能性为0，由

此可知企业在第 2 期开始前的创新成功率为：

$$\theta = \begin{cases} 0, & \lambda < \lambda^* \\ \mu, & \lambda \geq \lambda^* \end{cases} \quad (6.2.8)$$

当创新活动服从独立同分布时，由上式可知企业从事创新活动所获成果服从参数为 θ 的泊松分布。霍伊特（1992）曾指出，企业在成功研发出新技术并运用于生产的情况下，产出水平将成倍提升。假设企业在生产初期的技术禀赋同为 J_0，并将其标准化为 1，进一步将从事科研活动并取得创新成果的企业产出提升倍数设为 ψ。因此，当第 T 代企业取得 n 次新技术时，相应的技术水平为 $J_T^{i,n}$（$J_T^{i,n} = \psi^n$）。当完全竞争市场中劳动所得占总产出的比例为 ν 时，企业中劳动力的工资水平可以表示为：

$$G_T^i(Q) = \nu S_T^{i,n}(Q) \quad (6.2.9)$$

将（6.2.7）式代入（6.2.9）式，劳动力工资可详细表述为：

$$G_T^i(Q) = \nu J_T^{i,n}(Q) h_T^i \quad (6.2.10)$$

由此可知，劳动者进行人力资本积累是存在机会成本的，其人力资本投资决策会对下一期的期望工资造成影响，同时，期望工资还与企业的创新能力息息相关。根据上述逻辑，不仅劳动力在第 1 期的人力资本积累决策会对自身在第 2 期的期望工资造成影响，而且，企业服从参数为 θ 泊松分布的创新函数也对期望工资产生作用。所以，可将第 2 期的期望工资水平表示为：

$$E_T^2[G_T^2(Q)] = E_T^2[\nu S_T^2(Q)] = \nu[\theta\psi + (1-\theta)]S_T^{1,n}(Q)$$
$$(6.2.11)$$

三、互动机制中的最优人力资本积累比例

在人力资本风险中性、人力资本跨期积累和企业研究与开发获得的创新成果跨期运用的基础上，劳动力的效用取决于人力资本积累决策和企业创新水平双重因素下的工资收入，具体表现形式为：

$$U_T(C^1, C^2) \leq \text{Max}\,\nu\left\{(1-m) + \left[\frac{1}{1+z}\right][\theta\psi + (1-\theta)](1+m^p)\right\}$$

$$J_T^{1,n}(Q)(1-k)H_{T-1}^2 = I \qquad (6.2.12)$$

进一步可得到劳动力效用最大化的函数和限制条件如下所示：

$$\begin{cases} MaxU(C_T^1, C_T^2) = C^1 + \dfrac{1}{1+\alpha}C^2 \\ s.t.\nu\left\{(1-m) + \left[\dfrac{1}{1+z}\right][\theta\psi + (1-\theta)](1+m^p)\right\}J_T^{1,n}(Q)(1-k)H_{T-1}^2 = I \end{cases}$$

$$(6.2.13)$$

通过建立拉格朗日函数，令推导出的一阶偏导数等于零，从而求解出的劳动力用于人力资本积累时间比例的最优决策为：

$$m = \begin{cases} \left\{p\left[\dfrac{(1-\theta)+\theta\psi}{1+z}\right]\right\}^{\frac{1}{1-p}}, & \text{此时 } 0 \leq \left\{p\left[\dfrac{(1-\theta)+\theta\psi}{1+z}\right]\right\}^{\frac{1}{1-p}} \leq 1 \\ 1, & \text{此时 } \left\{p\left[\dfrac{(1-\theta)+\theta\psi}{1+z}\right]\right\}^{\frac{1}{1-p}} \geq 1 \end{cases}$$

$$(6.2.14)$$

根据上述求解过程可知，企业的创新活动可以对人力资本积累的时间比例造成确切影响。一般情况下，劳动力不可能将其青年时期的所有时间都用于人力资本积累，也就是说 m 通常不可能等于 1，进而可将劳动力的人力资本积累决策表示如下：

$$m = \begin{cases} m_\mu = \left[\dfrac{p[(1-\theta)+\theta\psi]}{1+z}\right]^{\frac{1}{1-p}}, & \text{此时 } \lambda \geq \lambda^* \\ m_0 = \left[\dfrac{p}{1+z}\right]^{\frac{1}{1-p}}, & \text{此时 } \lambda < \lambda^* \end{cases} \qquad (6.2.15)$$

由（6.2.15）式最优人力资本投资比例可知，企业在研究与开发活动中投入不足情况下，一是无法形成新技术，陷入创新能力不能与时俱进的困境；二是无法对企业中的劳动力的教育投资时间比例形成有利影响，而这种人力资本积累不足企业的创新能力也可想而知；相反，一旦企业科研创新活动中有所突破，不仅能够有效提升自身的创新能力，还可以对企业内劳动者的人力资本积累决策产生积极影响，此时的劳动力会增加个人的教育投入时间比例，使得企业创新与人力资本积累形成良性互动。

四、小结

从本章理论模型推导出的最优人力资本积累比例可以发现，在人力资本积累和创新两种活动相对盛行的企业，企业创新与人力资本积累能够产生积极协同效应。劳动力是企业创新活动的主体，经过一定积累的高水平人力资本可以使企业出现技术突破的可能性提高，而且企业在创新能力不断提升的情况下能够倒逼劳动力增加人力资本投资以适应企业的创新环境，从而形成良性循环。如若不然，将可能产生如下的消极连锁反应：一方面人力资本积累不足会抑制企业的创新水平，另一方面对于创新能力低下的企业，劳动力则改变策略，形成减少人力资本投资的恶性循环。上述互动关系在现实中确实存在与否？本章接下来的计量研究将对此进行验证。而人力资本积累与企业创新的这种积极和消极连锁反应，对企业产出造成的影响又如何？在下一章的理论模型中，笔者将对这一问题进行推演。

第三节　人力资本积累与企业创新互动的实证检验

通过上述世代交叠模型分析表明，人力资本积累与企业创新的互动关系在理论上得到确认，对此，本节拟选用中国整体和首都北京市的最新数据，对两者的理论联系加以计量验证。在地域选取方面，本书主要基于以下考虑：北京是中国的科技创新中心，与国内其他地区相比，整体实力遥遥领先，城市综合竞争力在世界名列前茅。北京市的高综合竞争力与本地区超强的科技创新能力密切相关，凭借劳动力综合素质和企业创新水平不断巩固和提升等因素，北京市以强劲的研发能力坐实中国科创中心地位。尤其在全国宏观经济趋于新常态以来，北京市在推行中央创新驱动战略部署过程中一马当先,其核心支撑和引领作用不断增强,保证了区域经济实现中高速增长。所以,在解决中国有关问题的过程中,将北京作为典型城市,选取人力资本积累和企业创新的代表性指标并查找数据,对两者的互动关系加以检验,论证数理模型的研究成果,不但能够判断科技创新中心城市的人力资本积累与企业创新互动关系,也使研究结果更具说服力和代表性,可以为中央和地方政府政策制定提供有效参考。

一、指标设定和数据来源

鉴于估算人力资本的衡量方法还不十分成熟,因而在以往学者的研究中所使用的相应指标不尽相同。美国学者 Jorgenson 等(1992)曾使用预期收入法对人力资本水平进行衡量;钱雪亚(2008)则采用投资成本法对人力资本积累进行了度量;李海峥(2013)则沿用了预期收入法对中国的人力资本存量进行了测度;李德煌(2013)则围绕受教育年限、健康状况和再培训等因素构建了比较全面的人力资本测度指标体系。孙永强(2014)通过对上述方法进行比较分析指出,现存人力资本存量测度方法都存在或多或少的不足。例如,成本法中的一些指标具备较难区分的投资和消费双重属性,而收入法则不能说明学历相同而因就职岗位不同所造成的收入差别,用健康指标法测度人力资本水平结果偏低等。综上所述,测度人力资本的可靠方法还在不断探索中,当前的各种测度方法虽几近有效但仍需完善。与人力资本测度相比,估算企业创新能力的方法则相对成熟,主要分为投入成本法和产出法。Eisner(1985)使用的投资成本法将企业研发投入作为创新能力的衡量指标,E. Soukiazis 等(2012)则使用产出法采用专利数量对企业的技术突破能力进行测度。

为了便于对中国和北京市人力资本积累与企业创新的计量结果进行比较,本书采用比较常用的代表性指标对两者度量。本书沿用产出法对人力资本积累和企业创新水平进行度量的近路,以 1991~2017 年中国和北京市的相关数据进行计量检验。以规模以上工业企业专利授权数量表示中国和北京市企业的创新能力,以科技活动人数代表人力资本积累情况。具体数据来源于历年《中国统计年鉴》《中国科技统计年鉴》《中国知识产权年鉴》《北京统计年鉴》和《北京科技统计年鉴》,见附录。

二、模型选取

在计量模型选取方面,本书选用的是向量自回归(VAR)模型。向量自回归是指系统内每个方程有相同的等号右侧变量,而这些右侧变量包括所有内生变量的滞后值。该模型对于相互联系的时间序列变量系统的分析十分有效,当每个时间序列变量能够有效预测其余变量时,这组变量适合用向量自回归模型加以检验。模型如(6.3.1)式所示:

$$Y_t = \alpha_1 Y_{t-1} + \alpha_2 Y_{t-2} + \cdots + \alpha_n Y_{t-n} + \beta X_t + \sigma_t \quad (6.3.1)$$

在(6.3.1)式中,Y_t是一个内生变量列向量,X_t是外生变量向量,α_1、$\alpha_2 \cdots \alpha_n$和β是待估系数矩阵,σ_t是误差向量,在上述向量自回归模型中,每个方程的最佳估计为最小二乘估计。该模型的好处在于,没有对误差序列不允许相关的条件限制,因为任何相关的误差序列都可以加入Y_t足够多的滞后项予以解决。因此,对于人力资本积累和企业创新协同关系的实证检验,本书采用向量自回归模型,并构建如下计量关系:

$$H_t = \alpha_1 H_{t-1} + \alpha_2 H_{t-2} + \cdots + \alpha_n H_{t-n} + \beta R_t + \mu_t \quad (6.3.2)$$

在(6.3.2)式中,H_t代表不同时期的人力资本积累,R_t代表不同时期企业的创新能力,系数α_1、$\alpha_2 \cdots \alpha_n$和β同上,是待估参数,μ_t则是误差向量。本书构建上述 VAR 模型对时间序列数据进行最小二乘参数估计,根本目的在于以回归结果为基础进行脉冲响应和方差分解等计量检验,以考察人力资本积累和企业创新之间的互动关系。脉冲响应结果描述的是在某一时点上,外生变量和早期内生变量不变条件下,因变量对一个瞬时变化的反应,可以体现为脉冲响应函数。方差分解则是描述每一个结构冲击对内生变量变化的贡献程度,用于评价不同结构冲击的重要性。由于篇幅限制,本书只运用分析结果并进行经济学解释,不再对脉冲响应函数和方差分解的数学脉络进行推导和描述。

三、人力资本积累与企业创新互动的计量分析

(一)单位根检验(ADF test)

单位根检验的目的在于考察实证数据是否平稳。本章节在查找和搜集 1991~2017 年的人力资本积累和企业创新数据后,将这些数据取对数以增加平稳性。先通过滞后长度准则确定滞后期,得到中国整体数据适用于做滞后 5 阶的 VAR 模型,而北京市的时间序列数据则适合做滞后 3 阶的 VAR 模型,再用 AR 根图的方法给出向量自回归模型特征根的到数值与单位元的位置关系,对数据是否平稳进行判别。如图 6-1 所示,中国人力资本积累和企业创新的数据在最佳滞后阶数为 5 阶时,全部特征根的倒数值都在单位圆内,说明中国两组时间序列数据通过平稳性检验,符合 VAR 模型的使用要求,能够进行接下来的格兰杰因果检验和脉冲响应等分析。

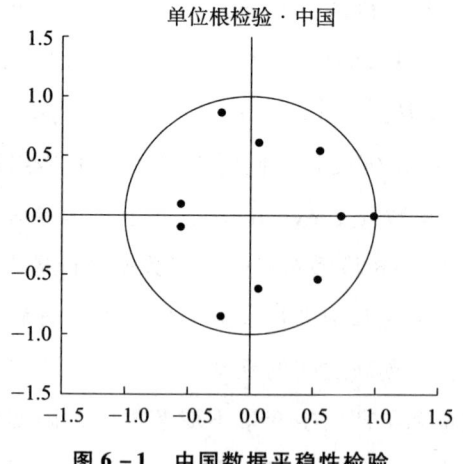

图 6-1 中国数据平稳性检验

类似地，如图 6-2 所示，北京市在滞后 3 阶条件下全部跟的到数值在单位圆内，说明中国和北京市两组时间序列数据通过平稳性检验，符合向量自回归模型的基本要求，能够继续进行格兰杰因果检验和方差分解等分析。

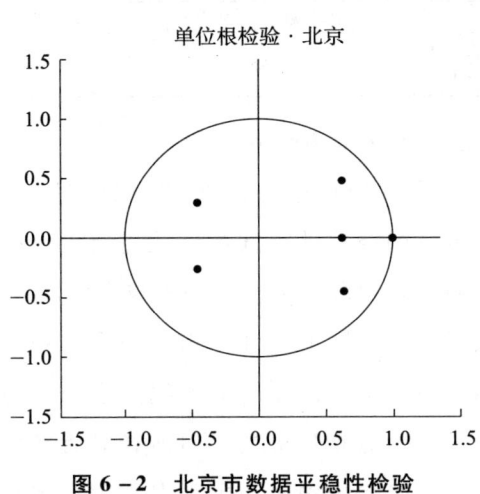

图 6-2 北京市数据平稳性检验

（二）格兰杰因果检验（Granger Causality test）

在进行脉冲响应分析之前，本书先分析以下人力资本积累和企业创新的格兰杰因果关系。从表 6-1 可以看出，中国人力资本积累和企业创新只存在单方面因果关系，第一个原假设的概率（0.308）大于 0.05 的置信度，说明中国整体的企业创新水平不是人力资本积累的格兰杰原因，第二个原假设对应的概率（0.038）小于 0.05 的置信度，说明人力资本积累是中国企业创新水平发生变化的格兰杰原因。

表 6-1　中国企业创新与人力资本积累的格兰杰因果关系检验

原假设	样本量（中国）	滞后阶数	概率
LNI 不是 LNE 的格兰杰原因	20	5	0.308
LNE 不是 LNI 的格兰杰原因		5	0.038

从表 6-2 可以看出，北京市人力资本积累和企业创新则存在双向因果关系，第一个原假设的概率（0.021）小于 0.05 的置信度，可知北京市企业创新水平是人力资本积累的格兰杰原因，第二个原假设对应的概率

(0.032) 也小于0.05的置信度,可知人力资本积累是北京市企业创新能力发生变化的格兰杰原因。

表6-2　　　北京市企业创新与人力资本积累的格兰杰因果关系检验

原假设	样本量（北京市）	滞后阶数	概率
LNI 不是 LNE 的格兰杰原因	22	3	0.021
LNE 不是 LNI 的格兰杰原因		3	0.032

（三）脉冲响应（Impulse Response）

如图6-3所示的脉冲响应结果,四个象限框图处于中间位置的实线最有代表性,因而重点围绕这些实线的变化进行说明。其中,第一象限和第二象限框图说明的是中国人力资本积累与企业创新之间的脉冲结果;第三象限和第四象限框图说明的是北京市人力资本积累与企业创新之间的脉冲结果。在第一象限中,框图中的实线是中国人力资本积累对企业创新的冲击结果,虽然响应是积极的,但前者对后者的积极影响十分不明显;第二象限中的实线是中国企业创新对人力资本积累脉冲结果,最初四年前者对后者的积极影响逐渐扩大,随后时期一直持续这种较大的积极作用。

第三象限中的实线为北京市企业创新对人力资本积累增长的冲击结果,最初三年创新对人力资本冲击的负向影响逐渐减小,本书认为,这是因为企业不断涌现新技术会在创新成果运用初期对接受新技术较慢的劳动力形成工作压力,短期内可能出现离职或不配合等不利于人力资本积累的状况,随着时间不断推移,人力资本对创新的反应在第四年由负转正,且创新的正向影响在后来的时间不断增强,这表明企业科创能力提升,将在一定时期后促进人力资本的积累或吸引受教育程度较高的人力资本进入企业,并且这一积极作用至少会持续七年。

第四象限中的实线说明,北京市企业创新能力在最初一年多的时间里,对人力资本积累冲击的响应微乎其微,本书认为,这是因为人力资本尚未达到企业出现技术突破所需的积累程度,但不出两年人力资本积累程度的不断提高得到了实效,企业创新能力在人力资本不断积累的冲击下的产生的正向影响逐渐增强，这种正向影响至少在未来八年多的时间一直延续。

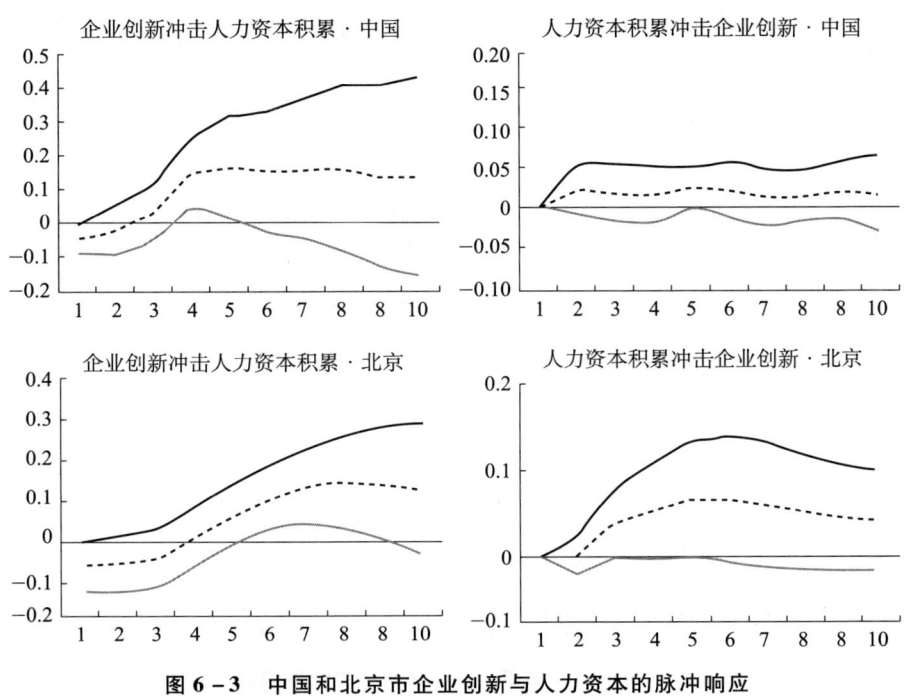

图 6-3 中国和北京市企业创新与人力资本的脉冲响应

（四）方差分解（Variance Decomposition）

关于人力资本积累与企业创新的方差分解结果，主要体现在图 6-4 中四个象限框图中的实线。

其中，第一象限中的实线表示中国企业创新对人力资本积累的解释能力，不难发现企业创新的这种解释能力一直处于 20% 以下的低位；第二象限中的实线表示中国人力资本积累对企业创新的解释程度，可以看出前三年人力资本积累的这种解释能力并不显著，只有 20% 左右，但随后陡然增强并在很长时期维持 80% 的解释能力；第三象限中的实线表示北京市人力资本积累对企业创新的解释能力，可以看出，这种解释力逐渐提升，在较长时期维持在 60% 的较高水平，说明随着北京市人力资本在量上的不断积累，引起企业创新能力质的提升幅度将越来越大；第四象限中的实线表示北京市企业创新对人力资本积累的解释能力，不难发现这种解释能力持续增长，并在较长时期维持在40%的水平上。

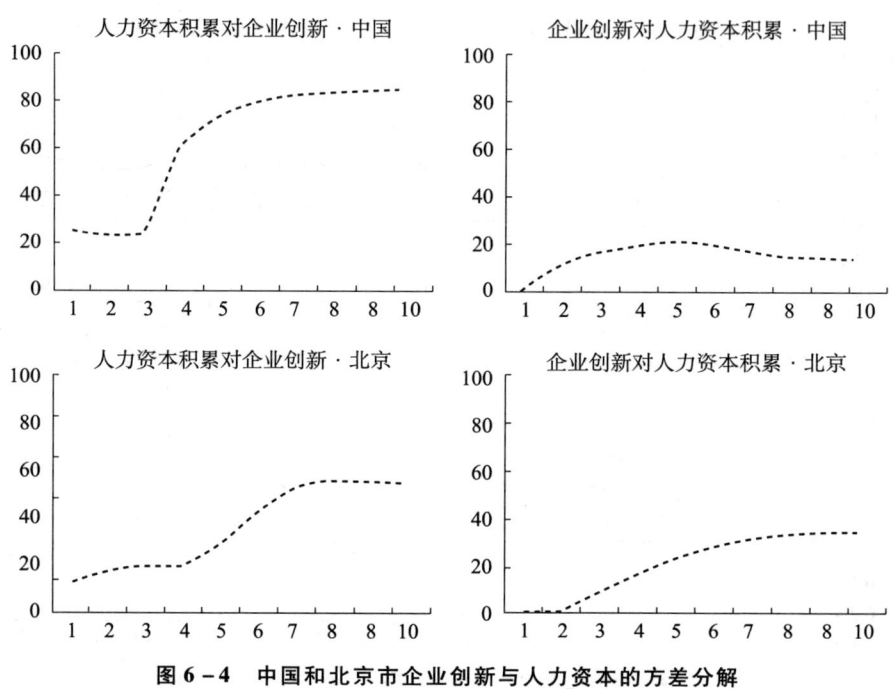

图6-4 中国和北京市企业创新与人力资本的方差分解

四、结论

以上计量分析得出的经济学结论主要有以下几点：第一，中国企业创新与人力资本积累的关系并不是互为因果的，而对于北京市而言，两者则呈现较为明显的因果关系。第二，中国企业创新虽然可以促进人力资本积累，但前者对后者的解释水平不高；人力资本积累对企业创新的解释水平较高，但前者对后者的促进作用不明显，即对于中国整体而言，只有企业的创新能力更加突出，才可能进一步激励劳动力进行人力资本投资，此外，要增强中国企业的创新能力，在人力资本量的基础上更要注重质的提升。对这一问题的解决办法，本书将在政策建议中进行重点研究。第三，北京市企业创新对人力资本投资具有明显的激励作用,并且前者对后者的解释能力较强;同时人力资本积累对企业创新不仅促进用十分明显而且解释能力很强,两者具有积极协同效应。这与科技创新中心的区位优势和国家对北京市的政策倾斜有很大关联。第四,不论企业缺乏创新还是人力资本积累不足,都会对另一方产生消极影响,并对彼此的长期发展形成约束,造成创新能力低下与人力资本匮乏的恶性循环。由此可以证明,企业创新与人力资本积累之间存在消极协同效应。综上所述,通过计量检验得出的结论,对人力资本与企业创新互动机制的理论分析进行了有力支撑,本书认为可以进一步在此基础上进行两者对总产出和"中等收入陷阱"影响的理论分析。

第七章
人力资本积累、企业创新与"陷阱"的理论模型研究

第七章 人力资本积累、企业创新与"陷阱"的理论模型研究

第一节 "中等收入陷阱"理论模型的构建基础

一、人力资本积累、创新对构建理论模型的重要性

在上一章中,人力资本积累与企业创新理论模型构建的微观经济分析基础上,本章将结合以下研究,进一步构建"中等收入陷阱"的宏观经济分析模型。盖勒(2017)指出,当一国经济处于工业化水平不断提升的发展阶段时,技术持续进步是从停滞向增长转型的基本力量。尽管在马尔萨斯时代,人口规模扩大可以促进技术进步;但随着经济社会的不断发展和完善,人力资本将逐渐取代人口规模,成为激励技术进步的动力源泉。要达到与更高级发展阶段相适应的技术水平,关键在于人力资本积累。他进一步指出,人口转型是经济增长过程和转型至现代增长阶段的重要诱因。Nelson 等(1966)和 Hassler 等(2000)学者研究的理论方法的核心,都是基于技术转型能够在某种程度上影响人力资本回报这一前提所展开的。Forst(1996)的研究则从经验方面支持了技术转型对人力资本积累存在影响的论断,在技术水平不断提高的条件下,劳动力对教育的需求也随之上升。Schultz(1975)的人力资本理论指出,人力资本是由劳动力的知识储备、经验、技能和体力构成的资本,是国民经济增长的关键因素。Mincer(1958)认为,不同劳动者的受教育程度、职业培训和工作经验等人力资本积累水平上的差异,是导致收入差距的主要原因,他把受教育年限作为人力资本的衡量指标,并借鉴"补偿原理"构建出人力资本积累的分析模型,用于分析人力资本积累与收入之间的关系。

二、构建"中等收入陷阱"理论模型的文献基础

对本章节启发最大的文献是 Galor 等（2000，2002）提出的统一增长理论。这一理论在建立统一的微观经济学框架的基础上，将包括人员规模和人力资本积累在内的人口变化以及技术进步和人均收入内生化，创建了可以解释发展过程中每一阶段特征的单一动力系统，阐明了国家处于不同经济发展阶段，并从马尔萨斯均衡阶段转型至经济持续增长的驱动力量。Galor 与 Craft 等（1985，1992）学者的观点，对一国经济从马尔萨斯均衡转型至经济持续增快速发展阶段方面保持一致，其认为这一过程是逐渐完成的，并不像表面上看到的那样迅速。从而，Galor 指出，人均收入停滞的马尔萨斯均衡时期掩盖了一种动力机制，正是这种机制使一国跨越马尔萨斯低收入陷阱。确切地说，虽然人均收入的增长在马尔萨斯均衡时期是微乎其微的，但 Galor 强调：由于技术和人口之间存在互动，技术进步和人力资本积累得到了强化，最终导致经济发展阶段转型，这种动力机制是一国摆脱马尔萨斯时代的关键。

盖勒的研究理念和方法最大的亮点在于：将潜在状态变量作为关键因素，并通过观测这些变量的变动解释阶段转型。在低收入阶段，动力系统由一个稳定的马尔萨斯均衡来描述，由于人口规模和技术水平增长，从而人力资本需求和劳动力自身的人力资本投资倾向的潜在增长，马尔萨斯低水平均衡最终将被这些"内生性因素"打破，整个经济进入新兴的持续增长稳态均衡的新领域。本书在盖勒研究的基础上，针对许多市场经济国家落入"中等收入陷阱"的问题，进一步认为一国经济发展在突破低收入均衡后，由人口和技术引致的持续增长稳态均衡还可以进一步细分，存在中等收入均衡和高收入均衡两种稳态发展路径。并且，长期处于中等收入均衡的增长路径是这些市场经济国家落入"中等收入陷阱"的原因，而逐渐进入高收入均衡增长路径的国家最终跨越"陷阱"成为发达国家。对此，

本书延续上一章以社会再生产为切入点的研究思路,解析创新与人力资本积累互动条件下经济增长的均衡路径和"中等收入陷阱"的形成机制。

第二节 "中等收入陷阱"形成的理论模型

一、不同技术与人才条件下的收入水平

根据第六章（6.2.1）式至（6.2.15）式的微观机制分析,本书认为可以进一步将研究上升至宏观层面,研究人力资本积累、企业创新以及两者的协同关系与总产出和"中等收入陷阱"形成机制的关系。其中,（6.2.15）式已经推导出劳动力在企业不同创新能力条件下的最优人力资本积累比例,在此基础上,可以得到标准化企业在生产过程中不进行创新活动时得到的收入水平 $Y(Q_0)$：

$$Y(Q_0) = (1-\nu)\left\{(1-m) + \frac{1}{1+z}(1+m^p)\right\} J_T^{i,n}(Q) h_T^i$$

(7.2.1)

在描述劳动力收入水平时,将 ν（大于0且小于1）定义为工资对产出份额的比重,因而可以得知,（7.2.1）式中的 $1-\nu$ 就代表企业在总产出中的收入份额,其中,$(1-\nu)\left\{(1-m) + \frac{1}{1+z}(1+m^p)\right\} J_T^{i,n}(Q) h_T^i$ 可以看成 $(1-\nu)(1-m) J_T^{i,n}(Q) h_T^i$ 与 $(1-\nu)\frac{1}{1+z}(1+m^p) J_T^{i,n}(Q) h_T^i$ 之和,前者是企业在第T代第一期只有人力资本积累情况下的收入水平,后者则代表企业在第T代第二期只有人力资本积累情况下的收入水平,两期收入的加总即是该企业在第T代不进行创新活动情况下的总收入。同理,当企业在第一期进行创新活动时,标准化企业在这种情况下所得到的期望收入如下

所示：

$$Y(Q_1) = (1-\nu)\{(1-m)(1-\lambda^*) + \frac{1}{1+z}[(1-\theta) + \theta\psi](1+m^p)\}J_T^{i,n}(Q)h_T^i \qquad (7.2.2)$$

（7.2.2）式与（7.2.1）式类似，也可以看成两个时期的收入水平的加总，不同之处在于，此时的收入是在进行创新活动情况下，第一期收入与第二期期望收入的加总。由 $Y(Q_0)$ 和 $Y(Q_1)$ 可知，企业的收入水平一方面取决于劳动力的人力资本投资比例 m，另一方面取决于企业本身创新能力，从而可以初步推断，人力资本积累与企业创新两者不仅存在协同关系，而且两者及其协同效应会共同影响总收入水平。由此可知，处于中等收入阶段的国家，要提高收入水平，需要在人力资本积累和创新能力提升方面做出努力。

进一步可知，当企业进行创新活动取得实效时，一方面，企业采取 R&D 行为，劳动力将在期望工资上升的激励下进行人力资本投资，突破人力资本瓶颈；另一方面，高水平的人力资本投入对企业因 R&D 行为而提高期望产出形成反相促进，摆脱创新能力不足的约束，此时 $Y(Q_1)$ 大于 $Y(Q_0)$，导出企业满足的均衡条件如（7.2.3）式所示：

$$\lambda^* \frac{1-m_\mu}{1+m_\mu^p} < \mu \frac{\psi-1}{1+z} \qquad (7.2.3)$$

（7.2.3）式中，m_μ 为企业进行创新活动取得突破情况下劳动力教育投资的时间比例。相反，即使企业进行研究与开发活动，但创新投入水平不足以使其达到可能产生新技术的程度，此时进行 R&D 既无法改变企业的创新能力，又无法收回其创新支出所付出的成本，与此同时，劳动力在企业创新能力不足的情况下，不会增加人力资本积累方面的投入，从而使得企业的产出水平增长乏力，这种消极的连锁影响是企业逐步被所处行业淘汰的重要原因之一。在这种情况下，$Y(Q_1)$ 小于 $Y(Q_0)$，得出不等式的比例关系与（7.2.3）式相同，但不等号的方向与上式相反。如（7.2.4）式所示：

第七章 人力资本积累、企业创新与"陷阱"的理论模型研究

$$\lambda^* \frac{1-m_\mu}{1+m_\mu^p} > \mu \frac{\psi-1}{1+z} \qquad (7.2.4)$$

所以,尽管企业进行研究与开发(R&D)投入,但因这种创新支出不足而无法取得新技术的突破,不会对劳动力改变教育和培训投入决策产生激励,造成企业产出水平低下,劳动力工资收入较少,不具备同行业生产应有的竞争能力,企业破产在所难免。

二、不同均衡路径下的收入增速

延续以上分析逻辑,能够得出创新活跃且人力资本积累充足条件下的高收入增长均衡路径,以及缺乏创新并且人力资本水平一般情况下的中等收入增长均衡路径。同时,在市场出清条件下,产出与收入是同等的概念。根据本书世代交叠模型的分析近路,企业创新和人力资本投入水平决定产出水平,进一步决定产出的增长率,再结合劳动力总量标准化为 1 时劳均产出 $Y_T^1[Q(J,h)]$ 的表达式为 $\int_0^1 J_T^1(Q) h_T^1 dQ$,进而有对数形式的产出增速如(7.2.5)式所示:

$$Log\left(\frac{E_Q y_{T+1}}{y_T}\right) = LogE_Q \int_0^1 J_{T+1}^1(Q) dQ - Log \int_0^1 J_T^1(Q) dQ +$$

$$Log h_{T+1}^1 - Log h_T^1 \qquad (7.2.5)$$

(7.2.5)式中,$E_Q y_{T+1}$ 代表 T+1 期的期望劳均产出,y_T 代表 T 时期的劳均产出,是人力资本积累和创新的函数。本书由理性人假设认定企业与劳动力都可以及时、正确预测彼此的行为,从而制定最优决策。根据企业创新活动获得成果的概率服从独立同分布,得到 T+1 期的产出 $Log[(1-\theta) + \theta\psi]J_T^1(Q)$;由第六章(6.2.6)式得到劳动力在 T+1 期的人力资本存量 $(1-k)h_T^1 \int_0^1 [1+m(Q)^p] dQ$,可知劳动力期望增长率和产出增长率均由人力资本折旧率 k 和投资比例 m 确定。因此,高收入增长路径对应的

产出增速如（7.2.6）式所示：

$$Log\left(\frac{E_Q y_{T+1}}{y_T}\right) = Log[(1-\mu)+\mu\psi] + Log(1-k)$$

$$\int_0^1 [1+m_\mu{}^p]dQ \qquad (7.2.6)$$

从（7.2.6）式可以看出，在人力资本积累和企业创新活跃的地区，不仅可以形成技术与人才的良性互动，两者的策略互补效应还有利于社会总产品的快速增长，引领国民经济运行于高收入均衡路径。但是，当劳动力人力资本积累和企业创新投入不足时，两者形成的消极互动，不仅无法突破社会再生产过程中的人才和技术瓶颈，还会使产出的质量和数量长期没有起色，最终传导至宏观经济增长层面的结果，就是一国长期处于中等收入均衡路径，产出增速如（7.2.7）式所示：

$$Log\left(\frac{E_Q y_{T+1}}{y_T}\right) = Log(1-k)\int_0^1 [1+m_0{}^p]dQ \qquad (7.2.7)$$

（7.2.6）式和（7.2.7）式共同表明，在盖勒提出的持续增长阶段，不同国家或者同一国家的不同区域，在不同企业创新能力和人力资本积累互动时，还会产生不同产出增速的经济均衡增长路径，从而使持续增长阶段表现出中等收入均衡和高收入均衡的两种状态。

三、推论

由此可知，市场经济国家长期处于中等收入区间，不能完成发展阶段转型的关键在于：一是国内科创主体相对于发达国家技术差距缩小，外资驱动型技术创新逐渐弱化；二是自主创新型科创体系又尚未形成，人力资本积累水平不足等原因不能满足企业突破技术瓶颈，导致生产能力低下、经济增长后劲乏力；如果不能在人力资本积累、创新能力提升等方面尽快做出调整，市场经济国家将长期遭受本国不利于产出增长因素的困扰以致落入"中等收入陷阱"。鉴于理论分析中人力资本水平和创新能力是决定

一国落入"陷阱"的首要条件,本书得出如下有待实证检验的推论:

推论一:人力资本积累与科技创新对经济增长的贡献存在协同效应;

推论二:这种协同效应取决于人力资本的类型差异。

第三节 理论模型的补充说明

一、经济运行过程中的交易费用

上一章和本章理论模型构建过程中,本书以新古典增长理论为基础,假设市场处于完全出清的无效率损失环境中,但从现实来看,经济社会在再产过程中的效率损失是不可避免的,特别是由制度不完善和产权不明晰引起的分配与交换环节中产生的效率损失。对此,本书运用博弈论中的相关理论模型对这种效率损失进行简要说明,指出高收入国家的效率损失由于产权界定较为明确且制度体系比较完善而相对较小,而那些中等收入国家的效率损失由于产权、社会制度的不完善而十分严重,对国民收入持续增长造成了严重阻碍,继而成为在人力资本积累和创新能力两种因素以外,与一国经济增长和国民收入提高密切相关的重要影响因素,使理论模型得到有效补充;更重要的是,围绕市场经济国家如何减少经济社会运行的效率损失,进一步跨越"陷阱"提供有针对性的政策建议。

社会再生产顺利进行是经济增长的必要条件,分配与交换作为前者的纽带,在再生产流程中的作用不言而喻。广义的分配包括生产要素、国民收入和生活资料分配三个方面,交换也由各种能力和活动的交换、产品交换、企业家之间的交换和消费品交换构成。所以,经济的持续增长有赖于经济结构调整和贯穿社会再生产始终的分配与交换的充分实现。因而,一旦分配与交换过程中存在阻碍(或效率损失),就会抑制经济结构的有序调整，导致中等收入国家经济增长乏力。这种阻碍主要源于两点：一方面是分配不公引起对交换的抑制，另一方面是交换过程的产权不明晰可能引起的风险抑制。以上两种约束社会再生产顺利进行的因素可以通过非零和博弈①模型进行解释。

在社会再生产过程中，个体理性与集体理性的冲突有逐渐加剧的倾向，抑制再生产顺利实现。根据新制度经济学的有限理性假设，参与社会再生产活动的经济主体取得收益的途径有二：一是通过守约行为合理进行分配和交换，即按照公平交易的原则，与对方进行等价交换以获取收益；二是通过违约行为获取收益，即以欺诈、剥夺等手段转移他人的财富。因此，所有参与分配和交换的主体如果都能严格遵守合约的规定，推进社会再生产有序进行，就是集体理性。然而，对于追求个体理性的行为主体，守约并不总是个人利益最大化的唯一选择，从而集体理性不能如期实现。

二、交换与分配中的非零和博弈

表7-1　　　　　　　　分配与交换过程中的非零和博弈

乙 \ 甲	守约	违约
守约	I_0, I_0	$I_0 - a, I_0 + a - C_{违}$
违约	$I_0 + a - C_{违}, I_0 - a$	$I_0 - b - C_{违}, I_0 - b - C_{违}$

上述情形可以从表7-1中的非零和博弈模型进行简要了解。假定甲方与乙方进行广义上的产品交换、成本结构相同，如果双方都采用遵守合约

---

① "非零和博弈"是与"零和博弈"相对立的概念，指一种合作性的博弈，博弈中各方的收益或损失的总和不是零，从而区别于零和博弈，这种博弈模型之所以在经济学分析中得到广泛应用，是因为该博弈过程中，对局各方不是完全对立的，一个人局中人的所得并非意味着其他局中人遭受同等数量的损失，博弈参与者之间不存在"你之得就是我之失"这样简单的关系。因此，当自己的所得并不与他人损失的多少相同，连自己的收益也未必完全建立在他人损失的基础之上，即使伤害他人也可能"损人不利己"时，博弈双方就存在双赢的可能，进而达成合作。

的策略,各自的收益为 I_0 ($I_0 > 0$),即扣除产品生产成本后的价值所得,社会的净收益为 $2I_0$。在似"零和博弈"前提下,违约方的收益大小不仅取决于守约方的损失,而且与自身的违约成本密切相关。如果交换过程中甲方采用违约策略,乙方依然采用守约策略,甲方的价值所得为 $I_0 + a - C_{违}$ ($a > C_{违} > 0$),乙方的价值所得为 $I_0 - a$,其中 a 为违约方从守约方获得的价值,$C_{违}$ 为违约成本,社会净收益为 $2I_0 - C_{违}$。同样,如果甲方采用守约策略而乙方采用违约策略,甲方的价值所得为 $I_0 - a$,乙方的价值所得为 $I_0 + a - C_{违}$,社会净收益为 $2I_0 - C_B$。如果两方都采用违约策略,甲乙双方的收益都为 $I_0 - b - C_{违}$,b ($b > 0$ 且 $a > b + C_{违}$) 是交易双方在违约交易过程中的留存价值,即甲乙双方都未实行产品的足值交换,社会净收益为 $2(I_0 - C_{违} - b)$。依据上文得出似"零和博弈"的结果是(违约,违约),相应的纯策略均衡支付为 ($I_0 - b - C_{违}$, $I_0 - b - C_{违}$)。从上文博弈的纯策略均衡情况可知,个体理性与集体理性冲突引起的社会福利的无谓损失为 $2(C_{违} + b)$。

在均衡状态下,交换双方都未将产品的全部价值让渡给对方,社会潜在收益 $2I_0$ 无法实现,这一现象形成的主要因素是交易费用。这种费用主要由交换过程中的协商谈判、签订合约以及监督合约实施三部分组成。交易费用过高,导致交换双方在追求个体理性情况下最优的战略选择是违约,阻碍社会再生产顺利进行。要减少再生产过程中的社会福利损失,推进上表中交换双方进行从违约到守约的帕累托改进,就要改善交易治理机制,降低交易费用。如果交易是需要费用的,那么制度就是必不可少的。制度作为基本博弈规则,通过对交换与转型成本的影响而影响经济效率,制度变迁的历程也是社会再生产中分配与交换环节绩效不断提升的过程。制度对交换的约束因经济发展阶段的不同而存在差异,"第三方私人治理"在一定程度上扩大了交换的范围,但这种限定行业同时缺乏执行保障的治理机制,在交易环境不稳定的情况下收效甚微。青木昌彦也在 2001 年提出,以名望为成本的关联博弈适用于范围较小的"熟人社会"交易环境,也是经济发展处于较低水平的制度设计。

随着社会再生产不断运转和经济发展,交换的治理机制在市场范围的日益向外延伸的条件下逐步调整,政府成为首要的产权界定主体。政府作为提供安全和维护公正的第三方有可能进一步拓展市场交换的范围,有利于社会再生产顺利进行,同时,这个庞大的非生产性组织因社会活动而产生的交易费用也不容忽视。若政府介入上表中的博弈,由甲乙双方共同出资,支付相应费用 F 以获取政府为双方进行守约交换提供的保障,并且符合 $(C_{违}+b)>F$ 的条件,则政府的第三方干预就是有效的,从而化解上述似"零和博弈"中的困境,甲乙双方的最优策略选择变为(守约,守约),社会净收益通过这一帕累托改进路径达到 $2(I_0-F)$。但政府不总是有效率的,从而使社会再生产和经济发展的有序性很可能由此受到破坏。美国经济学家道格拉斯·诺斯(2009)早就提出,有效率的经济组织是经济增长的关键,这也是西方世界兴起的主要原因,而有效率的组织是建立在合理的制度安排和所有权明晰的基础之上,以便形成激励,使个人的经济努力变成私人收益率接近社会收益率[①]的活动。随着社会再生产环境日趋复杂,要推动市场经济高效运转,政府制度转型尤为重要。因此,从交换治理机制的发展脉络可见,政府在产权界定和制度体系完善方面作为与否,很可能对中等收入国家规避"陷阱"至关重要。

诚然,社会效率的无谓损失并不是中等收入区间的国家独有的特征,它贯穿于马尔萨斯均衡时期、中等收入均衡时期和高收入时期等经济发展的各个阶段,区别在于不同经济发展阶段的效率损失的有所差异,经济发展阶段越高,社会制度越完善且产权界定越明晰,从而效率损失越少;而低收入国家和中等收入国家由于制度不健全而效率损失程度相对较高。所以,本书并没有将这部分博弈分析直接纳入到完全竞争条件下的世代交叠

---

① 私人收益率是指经济单位从事一种活动的收益水平;而社会收益率是社会从这种活动中获得的收益水平,等于私人收益率加上这种活动使其他社会成员获得的收益水平之和。

理论模型之中,只作为理论说明经济体长期处于中等收入区间存在问题的理论说明,加之社会制度的完善程度和产权明晰与否的度量比较难以数量化,所以本书接下来的计量分析不进行效率损失等因素对产出影响的分析,而只作为中等收入国家跨越"陷阱"政策建议提出的分析依据。

第八章
人力资本积累、企业创新与"陷阱"的计量模型研究

通过上述世代交叠模型分析表明，人力资本积累与企业创新的互动关系在理论上对产出具有十分重要的影响，并且，当一国或某一区域的经济突破马尔萨斯低收入均衡，步入持续增长的阶段后，依然存在人力资本积累不足和创新能力低下的问题。对此，本节拟选用中国各省和直辖市的区域性最新数据，对上述宏观层面的理论分析加以计量检验。在地域选取方面，本书主要基于以下考虑：有关"中等收入陷阱"的跨国研究已经足够多，徐永慧（2017）运用 Logit 模型对91个处于不同收入区间国家的相关数据进行了"中等收入陷阱"的成因分析；李月（2017）围绕知识与全要素生产率对"中等收入陷阱"的影响，运用面板门限回归法对31个国家的数据进行了研究；杨丽（2013）通过对200多个国家的筛选，并基于中国的收入水平确定了71个上中等收入国家作为研究对象，运用 Probit 模型对这些国家的数据进行"中等收入陷阱"影响因素的实证研究；此外，还包括本书第二章文献综述部分列举出的学者们的诸多跨国数据研究等。同时，本书构建的理论模型虽然适用于解释其他国家，特别是中等收入国家经济发展面临的挑战，但主要目的在于分析中国人力资本积累和企业创新以及经济发展现状，并解决中国当前和未来一段时期发展存在的问题。所以，经过综合考虑后决定采用中国的区域性数据进行研究，得出相应研究结论，并对中国以及与中国经济发展情况类似国家的经济长远发展提出政策建议。

第一节　指标设定和数据来源

一、人力资本积累的指标选取与数据来源

经验研究一般将受教育程度作为人力资本水平的衡量标准，判断受教

育程度的最好依据即学历，而中国人口的学历水平通常分为文盲、小学、初中、高中、专科及以上5个层次，很多国内学者在此基础上进行人力资本类别划分。本书遵循这种划分思路，在各地区总人力资本水平（hr_0）给定的情况下，将初中及以下学历归类为下中等人力资本（hr_x），高中及以上学历归类为上中等人力资本（hr_s）。对于上中等人力资本的积累情况，本书将各地方政府历年用于高中及以上学历人口的教育支出规模来衡量；而对于下中等人力资本的积累情况，则用各地方政府历年用于初中及以下学历人口的教育支出规模来衡量。由于中国各省和直辖市的年鉴中大多数只有关于教育支出总额的统计数据，没有按照上述两种人力资本进行分类的教育支出规模，因而本书采取的测算方法如下。

根据2009年《中国教育统计年鉴》中的统计，本书得到1996年至2008年全国各级学校生均预算内教育支出原始数据，由这些原始数据可以估算出全国各级学校的教育支出总预算和高中及以上学校的预算支出总额，以及初中及以下学校预算支出总额。将高中及以上学校预算支出占总教育支出的比重定为上中等人力资本积累规模占比，将这一规模占比与各省、直辖市的总教育支出的乘积作为各地区上中等人力资本（hr_s）积累水平。同理，将初中及以下学校预算支出占总教育支出的比重定为下中等人力资本积累规模占比，将这一规模占比与各省、直辖市的总教育支出的乘积作为各地区下中等人力资本（hr_x）积累水平。但由于数据的可得性，本书对所有地区的不同层次人力资本积累水平都按照上述方法进行测算，尽管这种度量方法可能在一定程度上掩盖了各地区教育资金在各级学校支出比例上的差异。

二、创新水平的指标设定与数据来源

国内外文献中创新水平的分析指标主要包括：授权专利数、研究与开发支出和从事科研人员数等。本书综合考虑计量模型中分析各变量对总产出影响的研究需要以及数据的可得性等因素,以各地区科学技术（rad）支出作为创新水平的衡量指标。根据相关领域学者的研究和中国要素驱动型经济增长的实际情况,固定资产投资支出（inve）是经济增长的最重要影响因素,因而本书将各省份固定资产投资总额和医疗卫生（heac）等支出作为控制变量。本书通过对中国 1998~2017 年各省和直辖市（除青海省、西藏自治区、宁夏回族自治区）相关经济数据,对理论研究得出的推论进行实证检验,讨论不同类型人力资本与创新对经济增长的具体影响。包括各省份 GDP、投资总额和科学技术支出在内的所有数据均源于中国各地区历年统计年鉴,中国宏观经济数据库中和国泰安数据库。所有原始数据参见附录。

第二节 "中等收入陷阱"影响因素的计量模型选择

一、固定效应面板模型构建

随着经济学研究的持续推进和经济社会的不断发展,经济理论的深化程度以及经济现象复杂程度进一步延伸,仅仅以截面或时间序列数据来检验理论、预测趋势和找寻规律是不全面的,因为对于转型经济的宏观经济变量而言：一是同一研究对象的时间序列偏短,难以用单纯的时间序列建模方法定量研究相关经济问题,此外,时间序列模型只能反映同质的非时变不可观测因素,不能解释不可观测的非时变异质因素对模型参数的估计,容易出现遗漏重要解释变量等问题；二是单纯的截面数据忽视了不可观测的异质性因素,容易影响参数估计的有效性和一致性,另外,一些空间截面数据范围有限,不能建立合意的截面数据计量模型。对此,自 20 世纪 60 年代,面板数据计量模型由于能够切实弥补上述计量方法的缺陷而逐渐成为学者们关注的焦点。特别是 21 世纪以来,在世界经济学中,应用宏观面板数据研究东欧转型经济体的出口、失业和经济增长问题;发展经济学领域,应用面板数据的实证方法分析国民产出增加的决定因素和经济增长均衡路径等研究层出不穷。面板数据回归模型的基本形式如下:

$$Y_{it} = \alpha_0 + \sum_{k=1}^{k} \alpha_k x_{kit} + \mu_i + \sigma_{it} \qquad (8.2.1)$$

该模型是 Kuh(1959)、Mundlak(1961)和 Hoch(1962)分析生产函数等问题时率先建立并使用的,其中,μ_i 为截面随机误差分量,体现了非时变不可观测异质因素,σ_{it} 表示个体时间混合随机误差分量,α_0 和 α_k 为待估参数矩阵。

面板数据回归模型一方面控制了不可观测经济变量所引致的最小二乘估计的偏差,使模型样本估计更准确,从而更为精确地反映经济变量的固定或动态关系;另一方面扩大了样本信息、降低了经济变量间的共线性,不仅提高了估计的有效性,还能更好地识别时间序列和截面数据无法发觉的效应使宏观面板数据分析不同变量间的协同效应成为可能,这是本节选取该模型进行计量研究的最重要因素。此外,对于转型中国家的经济问题研究来说,由于现行经济体制的历史较短,利用面板数据的计量经济分析方法在理论和应用方面尤为适宜,而且对转型国家经济规律的探索显得尤为迫切和重要。所以,本书结合我国社会主义市场经济历程和发展特点,在分析人力资本积累和创新对经济增长影响的基础上,分别对不同人力资本积累水平及其与创新的互动共同对经济增长的影响进行考量,进而采用如下面板回归模型进行计量分析:

$$\ln GDP_{it} = \alpha_0 + \alpha_1 \ln hr_i + \alpha_2 \ln hr_i \& rad + \alpha_3 \ln rad + \Omega X + \mu_i + \sigma_{it}$$
$$(8.2.2)$$

二、计量模型的变量解释

在(8.2.2)式中,GDP_{it} 表示各地区历年生产总值,hr_i 表示各地区历年不同层次的人力资本积累，rad 表示各地区历年科技创新水平，$hr_i\&rad$ 表示历年各地区不同层次人力资本积累与科技创新的交互项，X 为控制变量矩阵，μ_i 为截面随机误差分量，σ_{it} 表示个体时间混合随机误差分量，α_0、α_1、α_2 和 α_3 为待估参数。考虑面板数据的平稳性和协整要求，同时也为了便于分析各变量对产出的具体影响，将上述变量的数据做对数处理，因而各变量前面都有对数符号"ln"。所有经过对数处理的数据参见附录。与之前计量检验中采用的向量自回归（VAR）模型不同，在上一章中，运用 VAR 模型主要目的在于通过脉冲响应和方差分解等方法，以判断人力资本积累与企业创新的互动关系，因而没有注重回归方程结果，也没有对计量结果中各变量对应的系数进行解释。但是本章节的内容的主要目的就是通过计量检验得出回归系数，并进行相应的经济学解释。所以，在进行指标设定、数据整理和计量检验之前，有必要先对面板回归模型中各变量及其对应的系数的经济学意义进行预先估计和了解。

在上述变量中，各地区不同层次的人力资本积累 hr_i，按照指标设定和数据整理中的分析，在本节的实证中分为上中等人力资本水平 hr_s 和下中等人力资本积累水平 hr_x；类似的，不同层次人力资本与创新的交互项 $hr_i\&rad$，也分为上中等人力资本积累与创新的交互项 $hr_s\&rad$ 和下中等人力资本与创新水平的交互项 $hr_x\&rad$。同时，影响国民产出的因素不仅有人力资本积累和创新能力，本书认为，至少还应与以下因素相关。一是固定资产投资（inve）总额，尽管随着中国经济的不断发展，投资的边际产出呈现下降的趋势，但不论从全国还是各地区的现实情况来看，固定资产投资仍然是带动经济增长的强劲力量是经济增长原因分析中不可或缺的影响因子。二是医疗卫生支出（heac）水平，近年来中央和地方的医疗卫生支出总额不断增长，其年均增长率与产出增速持平是保障人力资本持续提供有效劳动的重要因素，尽管这一指标对总产出的直接影响较为有限，但国内外许多从事健康人力资本和经济研究的学者都将医疗卫生支出列为影响因素进行分析。此外，消费和进出口作为拉动经济增长的"三驾马车"之二,对国民产出增长的影响也非常重要,但是本节的实证研究主要目的在于分析人力资本积累与企业创新及两者的互动对产出的影响,所以暂且将投资、医疗卫生支出和消费等因素都作为控制变量。

第三节 "中等收入陷阱"计量模型结果分析

一、变量的描述统计

本书将人力资本积累和创新能力作为核心自变量,其他变量作控制变量,当核心自变量与已引入的控制变量能够对产出水平这一因变量进行较好拟合时,其他控制变量不再继续引入,否则,将继续加入其他控制变量,直至出现合意的计量结果。这是由于引入的控制变量与核心因变量或控制变量之间可能存在较强的多重共线性,如果出现这一问题将使计量检验成为伪回归,同时,如果变量过多也会使产出对人力资本和创新水平的敏感度下降。在此基础上,进一步对计量分析后的参数提出统一判断标准:

1. 如果人力资本积累变量的回归系数大于0,说明该变量对总产出的影响是积极的,即人力资本积累有助于产出增长,从而使理论研究得到论证。

2. 如果创新水平变量的回归系数大于0,说明该变量对总产出具有积极影响,或者创新水平提升对产出增长有利,这样的结果也与理论模型分析一致。

3. 如果下中等人力资本积累与创新的交互项的回归系数小于0,说明在人力资本积累不足的情况下,较低层次的人力资本不能与创新形成良性互动，从而对产出造成负面影响，从而与本书的理论模型推论结果相符；如果上中等人力资本积累与创新的交互项的回归系数大于 0，说明在人力资本积累充足的条件下，较高层次的人力资本可以与创新形成策略性互补效应，进一步对总产出的增长产生积极的促进作用。这从另一个角度是本书的理论模型推论得到验证。

4. 在优先保证前三个结果的同时，加入控制变量优化拟合优度 R^2，消除异方差并尽可能解决内生性等计量过程中可能存在的问题。

5. 每个控制变量对应的待估参数的经过计量回归，如果得到的是正值，说明该控制变量对总产出具有积极的影响；如果是负值，则说明该控制变量不利于产出增长。但一般来说，在这些控制变量不出现特别异常回归结果的情况下，本书只进行简要分析，而不像解释核心因变量那样进行经济学含义的仔细说明。计量检验所使用的中国 28 个地区（除青海省、西藏自治区、宁夏回族自治区）1998～2017 共 20 年自变量和因变量相关数据的统计描述如表 8-1 所示。

表 8-1　　　　　　　　各变量的描述性统计

变量	样本量	均值	标准差	最小值	最大值
$Lngdp$	560	8.80	0.99	6.09	11.31
$Lnrad$	560	2.27	1.61	-1.11	6.75
$Lnhr_x$	560	3.47	1.10	0.39	6.18
$Lnhr_x \& rad$	560	5.38	3.01	-0.97	12.81
$Lnhr_s$	560	4.89	1.11	1.84	7.63
$Lnhr_s \& rad$	560	7.15	2.68	0.73	14.26
$Lninve$	560	8.06	1.19	5.16	10.89
$Lnheac$	560	3.96	1.25	0.81	6.95

注：原始数据来源于中国各地区统计年鉴、国泰安数据库和中国宏观经济统计数据库。

二、固定效应面板模型结果分析

经过审慎的计量分析后，在所有控制变量中，只保留了固定资产投资支出总额和医疗卫生支出总额两个变量，得出的回归结果如下表所示：

表 8-2　1998~2017 年中国各地区人力资本与创新对经济增长的回归结果

解释变量	被解释变量 $Lngdp$			
	(Ⅰ)	(Ⅱ)	(Ⅲ)	(Ⅳ)
$Lnhr_0$	0.478*** (0.065)			
$Lnrad$	0.176*** (0.021)	0.219*** (0.026)	—	
$Lnhr_x$		0.537*** (0.067)		0.317*** (0.074)
$Lnhr_x\&rad$		-0.047*** (0.016)		-0.047*** (0.015)
$Lnhr_s$			0.302*** (0.074)	—
$Lnhr_s\&rad$			0.176*** (0.021)	0.219*** (0.026)
$Lninve$	0.760*** (0.036)	0.769*** (0.035)	0.760*** (0.036)	0.769*** (0.036)
$Lnheac$	-0.108* (0.047)	-0.111** (0.046)	-0.108** (0.047)	-0.110*** (0.047)
$Constant$	2.241 (0.146)	2.932 (0.165)	2.342 (0.144)	2.614 (0.169)
R^2	0.943	0.945	0.944	0.945

注：自变量回归系数下方括号内是两步法估计的标准差，***、**、* 分别为 1%、5%、10% 的显著水平。

计量模型（Ⅰ）为没有交互项情况下的各地区人力资本积累与创新总体水平核心变量，以及固定资产投资和医疗卫生支出控制变量对总产出的回归结果。其中，总体人力资本积累水平和创新水平的回归系数都为正值，说明二者对产出水平的作用是积极的，符合上文对这两个核心指标的总体判断。具体来说，区域性人力资本水平提升 1%，会使该地区的产出水平增加 0.478%；而区域性创新能力增长 1%，会使该地区产出水平上升 0.176%。而且，这两个核心变量对区域性经济增长的贡献是仅次于固定资产投资（0.76%）的贡献。此外，所有包括人力资本积累、创新水平和投资等自变量在内的所有指标的显著性较好，模型的拟合优度也比较高，使得理论模型的结论得到初步验证。

计量模型（Ⅱ）为各地区下中等人力资本积累、创新和二者的交互项，以及固定资产投资和医疗卫生支出两个控制变量对区域性产出水平的影响。其中，下中等层次的人力资本积累和创新水平和回归系数为正，而二者的交互项的回归系数为负。其说明下中等层次人力资本和创新投入本身对区域性产出的影响都是积极的，但是两者形成的互动效应对产出的影响是消极的。确切地讲，如果区域性下中等层次的人力资本积累增长1%，会使该地区产出水平增长0.537%；而区域性创新水平增长1%，会促进产出水平提升0.219%，说明初中及以下的基础性教育和创新对经济增长具有重要作用。然而，当这一层次的人力资本积累水平与创新相结合产生协同关系后，对经济增长的回归系数约为-0.05。这一回归结果表明，当这一交互指标增加1%时，产出水平将减少约0.05。说明初中及以下文化程度群体与创新未能形成积极的互动关系，仅具备初中及以下学历的劳动力学习和使用先进技术的能力有限，难以满足创新需求，将对经济增长产生阻碍。

计量模型（Ⅲ）表示区域性上中等人力资本积累、创新和两者的协同关系以及固定资产投资和医疗卫生支出两个控制变量对区域性产出水平的影响。其中，上中等层次的人力资本积累和创新水平和回归系数为正，并且两者的交互项的回归系数也为正。说明不仅较高层次人力资本和创新投入本身对区域性产出的影响是积极的，而且两者形成的互动效应也会对区域性产出形成积极的影响。从计量关系上看，当区域性上中等层次人力资本积累增长1%时，该地区的产出水平相应会提高0.302%，说明高中及以上学历的劳动力对产出增加具有同样关键的作用。而且，这一层次的人力资本与创新的交互项对产出水平也具有促进作用，当这一交互项增加1%时，产出水平会相应增加0.176%，可见具备高中及以上学历群体倾向于"边干边学"，而且有利于开展技术和新产品的研发活动，从而形成的策略性互补效应能够有效带动产出水平增长，是地区经济发展的关键动力。

计量模型（Ⅳ）为各地区两类层次的人力资本、创新和不同人力资本积累与创新产生的协同关系以及投资支出和医疗卫生支出对区域性产出水平的影响，是将前三个模型中的变量全部纳入计量分析的一个模型。回归结果与上述单独进行检验的模型十分接近，各层次人力资本本身和创新都会在不同程度上促进经济增长，并且两类层次人力资本积累与创新的交互项依然会对经济增长产生不同的作用效果。具体来说，如果上中等层次的人力资本与创新的交互项提升1%，产出水平将相应增长0.219%，如果下中等层次人力资本与创新的交互项提升1%，产出水平将下降约0.05%。由此可知，以交互项表示的人力资本积累与创新的协同关系对产出分为积极影响和消极影响两种：当人力资本积累水平较高时，其与创新形成的积极协同效应能够促进产出增长；当人力资本积累水平较低时，其与创新产生的消极协同效应会对产出增长形成阻碍。

上述实证研究表明，不同程度的人力资本积累与创新的互动结果对产出水平的影响存在明显不同。因而，一个国家或地区的增长既有可能处于高水平人力资本积累与创新互动下的较高增长速度路径，也有可能处于较低人力资本积累与创新条件下的较低增速路径。除了固定资产投资以外，人力资本积累和企业创新已经成为影响中国经济增长的核心因素，并且这两个核心因素的协同效应对产出水平影响不容忽视。

三、结论

在宏观理论分析方面，不同人力资本积累和创新水平以及两者的形成协同效应，会造成经济社会的总产出水平有高有低，进一步会导致经济增长速度的显著差异。当一国长期处于人力资本积累和创新不足条件下，两者形成的消极协同效应会使整个经济社会的人力资本投入和企业研发支出都会比较低，导致的较低经济增速必然使该国落入"中等收入陷阱"，阐明"陷阱"的这种形成机制是本书构建世代交叠模型的首要目的。

在宏观计量分析方面，运用1998~2017年中国各地区的相关数据，以初中及以下和高中及以上教育支出规模、科技支出代表人力资本积累、创新水平的自变量，固定资产投资支出和医疗卫生支出代表的控制变量，对区域性总产出这一因变量进行固定效应面板数据回归分析，得出的结果表明当前中国人力资本积累和企业创新总体对国民产出上升的带动作用十分明显，人力资本积累程度提升1%将拉动产出增长率上升近0.5个百分点；创新水平提高1%将拉动产出增长率上升近0.2个百分点。同时，运用人力资本与创新的交互项作为两者协同效应对总产出进行回归的结果显示，较高人力资本积累与创新的良性互动能够促进经济增长，前者提升1%能使后者提升0.22%，持续保持这种良性互动有利于对"中等收入陷阱"的跨越；而较低人力资本积累与创新的消极互动将阻碍经济增长，前者提升1%将使后者下降0.05%，长期处于这种互动的增长路径意味着极有可能落入"陷阱"。理论模型及其推论与中国的经济发展实际相符。

综合上述分析，本书认为中国的人力资本投资与经济增长总体上是协调的，持续提升科技创新投入强度，不断加大人力资本投资，推动形成长期的人力资本积累与创新的良性互动能够带动中国跨越"中等收入陷阱"。此外，应该尽量避免人力资本积累与创新的消极互动等不利于中国成为高收入国家情况发生。这就需要政府、企业和居民三部门联合发力，采取有效行动共同应对跨越"中等收入陷阱"过程中面临的艰难险阻。

第九章
主要结论、政策建议与研究展望

第九章 主要结论、政策建议与研究展望

本章内容对前两章的世代交叠理论模型和向量自回归、面板数据回归模型的研究结论进行回顾，围绕主要结论提出针对性政策建议，分析本书以及与"中等收入陷阱"相关领域的可能研究趋势。

第一节 主要结论和突破点

上文以新古典增长理论为基础，构建世代交叠模型依次从微观上升至宏观分析，探讨了人力资本积累和企业创新的互动机理，及其对"中等收入陷阱"的影响机制；随后依次通过 VAR 模型和固定效应模型对理论分析中的微观和宏观结论进行实证检验。其中，理论和计量分析部分研究的基本结论、创新点和不足之处主要包括以下方面。

一、理论研究结论

本书以社会再生产为切入点，在新古典增长理论 OLG 模型的框架下，先建立微观分析机制，然后上升至宏观研究层面，分析人力资本积累和企业创新以及两者的互动关系对总产出的影响。分析过程主要包括人力资本与企业创新互动关系的微观分析模型、最优人力资本积累比例的理论分析、人力资本积累与企业创新互动影响国民产出和经济增速的宏观理论分析模型。经过上述理论分析得到的基本结论有以下四点。

结论 1：微观方面在人力资本积累程度较高和企业创新活动相对活跃的区域，两者能够产生积极协同效应。劳动力是企业创新活动的主体，经过一定积累的高水平人力资本，可以使企业出现技术突破的可能性提高，而且企业在创新能力不断提升的情况下，能够倒逼劳动力增加人力资本投资以适应企业的创新环境,从而形成良性循环。这种策略性互补效应得到了我国科技创新中心城市的计量数据验证。

结论2:如果人力资本积累不足,同时企业缺乏创新或技术进展缓慢,将可能产生如下的消极连锁反应:一方面人力资本积累不足会抑制企业的创新水平;另一方面对于创新能力低下的企业,劳动力则改变策略,形成减少人力资本投资的恶性循环。这也是一国经济增长缓慢并形成"中等收入陷阱"锁入的重要诱因。

结论3:宏观方面,在结论1的微观基础上,当人力资本积累程度较高和创新不断取得成果时,两者本身会促进产出增加的同时,还会形成有利于经济增长积极协同效应,较高的产出水平和经济增速有助于一国实现对"中等收入陷阱"的跨越。

结论4:当结论2的微观分析进一步上升至宏观层面,当一国长期处于人力资本积累和创新不足条件下,两者形成的消极协同效应会使整个经济社会的人力资本投入和企业研发支出都会比较低,首先会造成经济社会的总产出水平低下,进一步还会导致经济增长速度缓慢,长此以往必然致使该国落入人均国民收入增长乏力的"中等收入陷阱"。

二、理论研究突破点

总的来说,本书通过构建 OLG 理论模型,在微观层面上推导出人力资本积累和企业创新协同机制,进一步上升至宏观层面,分析高收入增速和中等收入增速的均衡增长路径形成过程中,人力资本积累和企业创新以及两者协同效应的具体作用。理论行文中可能的突破包括:

第一,"中等收入陷阱"的理论研究纳入经济增长分析框架,以社会再生产过程中的人力资本积累和企业创新为突破口,在经典假设条件下,通过数理模型推导人力资本积累与企业创新的互动机制,为宏观经济问题研究建立微观分析基础,理论基础更扎实。

第二，通过微观理论模型推导出最优人力资本积累比例，由于这一比例是与企业创新水平密切相关，当企业创新能力较强时，劳动力应该相应提升用于人力资本积累的时间比例以适应新技术的产生和应用，当企业不进行创新活动或创新能力不足时，留在企业中工作的劳动力即使提升人力资本积累水平也是徒劳，不会对产出水平和工资收入造成本质改变。这对劳动力适时进行人力资本积累提供理论支撑。

第三，以人力资本积累和企业创新以及两者的互动关系解释经济体在突破马尔萨斯均衡后，经济同样处于盖勒提出的持续增长阶段，而有的国家增长率相对较高，成为高收入国家，而有的国家经济增速相对较低，长期处于中等收入区间，从而落入"中等收入陷阱"的形成机制。同时，在对理论模型的补充说明中，以非零和博弈模型指出，现实中所有市场经济国家都处于非完全出清的市场环境，存在社会再生产过程中由于产权界定不明晰和社会制度不健全导致的交易费用过大及效率损失，强调这种效率损失也是一国落入"中等收入陷阱"的重要原因。

三、实证研究结论

本书以中国整体和科技创新中心城市最新数据，对人力资本积累与企业创新的微观互动机制进行了向量自回归计量检验，随后运用中国28个地区的最新数据，先估算出以各级学历教育支出规模代表的不同层次人力资本积累水平，再将人力资本积累、创新水平以及两者的交互项纳入固定效应面板回归分析，验证宏观理论研究结果及其推论。通过上述计量检验得到的核心结论包括：

第一，当前中国总体人力资本积累与企业创新良性互动的效果并不显著。一是两者通过格兰杰检验得出只存在单方面因果关系；二是中国企业创新虽然可以促进人力资本积累，但前者对后者的解释水平不高；人力资本积累对企业创新的解释水平较高，但前者对后者的促进作用不明显，即对于中国整体而言，只有企业的创新能力更加突出，才可能进一步激励劳动力进行人力资本投资。此外，要增强中国企业的创新能力，在人力资本量的基础上更要注重质的提升。

第二，目前科技创新中心城市北京存在人力资本积累和企业创新的良性互动。一方面，企业创新对人力资本投资具有明显的激励作用，并且前者对后者的解释能力较强；另一方面，人力资本积累对企业创新不仅促进作用十分明显而且解释能力很强，两者具有积极协同效应。这与科技创新中心的区位优势和国家对北京市的政策倾斜有很大关联。在这一点上，未来要使中国的人力资本积累与企业创新形成良性互动，可以借鉴北京市人才积累和科技进步的发展经验。

第三，下中等层次人力资本和创新投入本身对区域性产出的影响都是积极的，但是二者形成的互动效应对产出的影响是消极的。因为从计量关系上看，区域性下中等层次的人力资本积累和创新水平增长1%，会使该地区产出水平分别增长0.537%和0.219%，然而，当这一层次的人力资本积累水平与创新相结合产生协同关系后，这一交互指标增加1%时，产出水平将减少约0.05%。说明初中及以下文化程度群体与创新未能形成积极的互动关系，仅具备初中及以下学历的劳动力学习和使用先进技术的能力有限，难以满足创新需求，将对经济增长产生阻碍。

第四，较高层次人力资本和创新投入本身对区域性产出的影响是积极的，而且两者形成的互动效应也会对区域性产出形成积极的影响。因为从回归结果上看，区域性上中等层次人力资本积累增长1%，该地区的产出水平相应会提高0.302%，而且以这一层次的人力资本与创新的交互项代表的协同效应增加1%时，产出水平会相应增加0.176%，可见具备高中及以上学历群体倾向于"边干边学"，而且有利于开展技术和新产品的研发活动，从而形成的策略性互补效应能够有效带动产出水平增长，是地区经济发展的关键动力。

四、实证研究突破点

总体而言，本书在比较严谨的理论分析基础上，着重验证人力资本积累与企业创新在微观层面的互动机制，进一步在宏观层面检验宏观理论模型及其推论，分析人力资本积累、企业创新及两者协同对"中等收入陷阱"形成和跨越的具体作用，主要创新点包括：

第一，以相对可靠的方法度量了不同层次人力资本积累水平，进一步测算了不同层次人力资本积累与创新水平的协同效应，尽管统一的测算方法可能削弱了不同地区人力资本积累的差异，但是经济意义显著增强。

第二，提升了研究数据的完整性和有效性。本书首先选取人力资本积累、企业创新和"中等收入陷阱"的相关指标，查找中国整体和各地区最新的统计数据，包括近年中国和代表性地区的经济总量、专利授权数、创新支出、科技活动人数、固定资产投资支出和医疗卫生支出等，计算有关数据的交互项，并将所有数据进行对数处理。

第三，巩固了计量研究数据的可信度。在运用统计学相关方法对原始面板数据进行准确处理的基础上，根据理论模型的验证需要，有针对性地构建向量自回归模型、固定效应面板模型对文中涉及微观和宏观层面的理论分析结果进行佐证。

第二节 政策建议

中国经济的结构调整和供给侧改革进程正在不断推进，不仅需要人力资本的不断积累，还需要具备与时俱进的创新能力。经过对企业创新能力与人力资本积累的微观互动机制及其对跨越"中等收入陷阱"的作用论证表明，人力资本的不断积累和企业创新能力的持续提升，是市场经济国家实现中高速增长的关键。本书根据理论模型和计量检验的相关分析结果，着重围绕如何实现最优人力资本积累比例，围绕人力资本积累与企业创新如何形成良性互动，并充分发挥两者在"中等收入陷阱"跨越中的重要作用，提出如下针对性建议。

一、强化最优积累比例观念，提升人力资本投资强度

起始于20世纪末的偏重物质资本积累的投资倾向，不仅导致了我国在教育等领域"重物轻人"现象，更削弱了均衡增长路径中由人力资本积累主导的增长效率。根据本书在最优人力资本积累比例分析的基础上得出人力资本积累与收入水平正相关的研究结论，同时结合目前中国经济中高速增长的大背景，强化最优人力资本积累比例的观念显得越发重要，并应进一步提升人力资本投资强度，实现其对经济中高速增长的带动作用。具体措施包括以下五方面。

第一，建立教育经费平稳提升机制，逐渐增加各级学校生均教育投入，确保教育支出对财政预算占比接近发达国家平均水平。目前，中国财政支出中的教育占比虽已接近上中等收入国家，2015年为4.26%，上中等收入国家为4.41%，但与高收入国家5.17%的平均水平仍存在较大差距。从高收入经济体的发展历程来看，在实现对"陷阱"跨越的过程中，大都经历教育经费对GDP占比从4%到5%的提升，同时，结合本书的最优人力资本积累比例研究结论可知，包括中国在内的上中等收入国家，要想成为高收入国家就必须进一步提升财政性教育支出的比例。

第二，调节教育经费支出结构，形成以经常性支出为主的高等教育投入机制。美国、英国和瑞典等高收入国家高等教育经常性支出对总教育支出占比高于90%，经合组织成员国平均水平为67%，而中国由于资本性教

育支出较高，导致对教学人员的经常性支出只有35%。研究表明①，教师工资水平与学生学历高低存在显著的正相关性。人员经费不足一方面削弱了教育从业人员的积极性，导致高层次人才外流；另一方面则严重影响了我国的人力资本积累的质量，阻碍创新能力提升和经济的平稳增长。对此，应该转变以往重资本的高等教育投入模式，逐渐提升经常性支出，特别是人员经费支出，合理减少对该经费的使用约束，加大对专业技术师资人员的专项投入，进一步健全教师薪酬稳定提升机制，从源头上把好高素质人力资本培养的质量关。

第三，统筹协调政策实施，进一步加速各领域人力资本积累。放眼欧美和日韩等发达国家和地区，之所以能够实现对"中等收入陷阱"跨越，与这些国家和地区极为重视人才引进和培养的政策实施，进而达到了最优人力资本积累比例密切相关。目前，中国经济的基本面看似企稳向好，但要延续中高速增长的态势，应该充分结合本书研究和发达国家的先进经验，以培育创新型人才为目标，加大各级财政对教育培训、文化传播和公民健康等方面的资金投入，充分发挥政府的政策支撑作用，引导社会资本积极促进人力资本积累，助力取得成功的创新型教育试点的办学模式的复制和推广。同时，提升政策性资金的使用效率，创造条件激励人才，在全国范围的适宜分布，为欠发达地区和贫困人群提供相对平等的受教育机会，并以加大宣传力度为辅助措施，增强广大劳动力对自身及其子女的人力资本投资意识。

第四，加大在提升人力资本积累强度方面的调控力度，适度完善政府部门职能。中国经济的市场化程度越来越高，这种情况下在人力资本积累方面的市场失灵问题应该得到政府部门的有效调节，从目前来看，就是要"引虚向实"，在增强政府部门主导的人力资本投资的基础上，加大对非政

---

① 结论源于经合组织2013年的研究成果（详见：OECD. PISA 2012 Results：What Makes Schools Successful（Volume IV）：Resources, Policies and Practices [R]. Paris：OECD Publishing, 2013：42）。

府部门资本结构的宏观调控力度,积极引导社会资本加速人力资本积累。政府部门职能的转变与完善,对扭转当前"重物质、轻人力"的资本投资方式具有重要意义,并且在人力资本积累方面完善政府职能的主要目的,与中国目前推进行政、金融、财税体制和国有企业等重点领域的改革方向十分接近。20世纪末国企"抓大放小"的改革方式取得的成绩显而易见,具体来说,包括国有资产的不断壮大,培育了许多实力强劲的大型企业为中国物质资本积累贡献了积极力量。相对而言,在人力资本积累领域,包括教育、医疗和文化等领域的改革比较缓慢,从而引致了以政府预算和居民个人支出为主的人力资本积累方式。对此,政府部门应出台政策以促使上述相对滞后的人力相关资本领域推进改革进程,将投资重点在物质资本和人力资本之间进行均衡分配,最后通过将成功的改革方式逐渐推广至各个地区,达到全方位提升人力资本积累强度的目的。

第五,充分审视近年来我国高等教育招生环境,推动高等院校教育资源整合、强化办学质量,适当提升高等教育入学比率;延长义务教育年限,让国民享有更多受教育的权利;在国家传统办学的基础上,鼓励有资质的社会机构和私人团体,针对社会生产所需的专业人才进行定向培养;支持教育培训机构适度创新,推动培训方式项目化、订单化,扩充劳动者知识和技术储备;广泛开展职业技能培训和再教育,提高劳动者文化素质和技术水平,弥补特定工作岗位空缺,缓解就业结构性矛盾;以鼓励科研投入和创新型人力资本积累的政策为导向,改进技术团队创新效率,优化科创人员创新水平;完善人力资本管理机制,促进人力资本评价体系规范化、标准化,确保创新型人力资本才尽其用。

二、促成企业创新能力最大化,实现创新与人才积累的良性互动

中国经济市场化改革和结构性调整的关键在于企业创新能力的持续增

长，根据上文对企业创新的内涵界定，使企业成为科技创新的主体，对企业乃至整个经济社会的创新能力提升无疑具有巨大的积极影响。对此，应该以创新地位主体化和能力最大化并举，培养企业的核心竞争力，促使企业创新与人力资本积累形成策略性互补的良性协同效应，具体措施主要有以下五点。

第一，鼓励和支持企业加大科技研发力度，除在资金和政策上支持以外，应在更深层次上给予支持，例如：政府应在审批环节支持企业创建各种级别的实验室、研发中心；加强知识产权保护，在全国范围成立知识产权法院，尽快培养一批高素质、精通法律的知识产权保护队伍，加强对企业知识产权的保护，保障企业合法权益；进一步完善知识产权评估和交易体系，规范知识产权交易行为；设立专项资金支持各类孵化器机构的发展，鼓励创业创新；创新地方标准，通过构建地方技术标准体系，采取研发补贴、税收减免等方式引导中小企业融入技术标准体系，构建政府、企业共同参与的技术创新体系。

第二，注重创新驱动过程中的金融支持，加强多层次资本市场建设。科技创新驱动发展战略离不开金融领域的融资支持。特别是加快推进新三板、新四板和新五板市场建设，放宽准入条件，为科技创新企业提供交易平台。支持VC、PE等机构在全国注册发展，给予一定的税收优惠。创新组合金融工具，满足中小企业不同阶段的融资需求；推进国家科技金融功能区的建设。完善科技金融体制，创新科技金融产品，为科技企业创新发展提供融资服务与支持；建立和完善技术产业金融体系，政府应支持发展创新基金、科技小贷公司等，通过信贷贴息等优惠政策为科创企业进行融资支持，逐步建立完善技术类产业投融资体系，解决科技创新企业融资难问题。

第三，以加快建设创新型国家为落脚点，重点关注产权领域的法治建设，使新技术的开发、持有和转让过程受到法律法规的持续保护，提升企业创新行为的主动性；建立企业创新的有效组织模式，加快企业内部渐进性创新组织和突破性创新组织的建设，保持组织结构和创新文化独立性，共享企业资源，进而应对企业创新过程中的不确定性；推动制造类企业由中低端向新材料、精密仪器等中高端领域发展，形成新的竞争优势。加强对企业研发成果的政策性支持，促进科技与经济结合，在强化企业基础性、原创性创新工作的同时，注重科技成果转化应用，打造创新驱动发展引领产业，积极吸纳和集聚创新要素资源，培育企业经营新动能，培养经济社会创新驱动发展新引擎。

第四，重视企业高层次人才培养和引进。创新高层次人才培养机制，建立培养专项资金，引导和鼓励企业构建研究机构的基础研发、企业的产品研发与政策制定三方合作的实用人才培训，对企业自行组织培训进行补贴；完善企业人才引进政策，出台优惠政策积极引进项目经验丰富的高端复合型人才，给予高层次人才补贴奖励和住房补贴，给予企业补贴用于高层次人才引进的寻访费用和鼓励人才中介机构和猎头公司为企业引进高层次人才，为转型升级和提质增效积累人力资本。

第五，完善国有企业创新能力支持系统，以现代企业制度为主导增进企业间合作，营造发散式科创流程和开阔的企业文化拓展空间；合理制定国有企业战略，将研究和开发的成果作为企业家绩效考核的依据，形成企业家倡导企业科研创新的倒逼机制；注重对民营企业创新活动的资金支持，适度引导骨干民营企业的科研方向，整体提升企业核心竞争力；加大对新业态中小企业的重视程度，建立企业与政府的风险共担机制，增强中小企业科技研发的风险承受能力，引导中小企业用于把握所在领域的发展机遇，敢于创新、勇于创新；加速研究与开发能力的本土化进程，充分汲取外资、合资企业的知识溢出效应，优化招商引资、合资的结构；重视企业创新与人力资本积累策略性互补的作用机制，强化两者相互依赖、相互促进的协同作用，实现人力资本积累对企业创新能力的提升乃至共同促进经济增长的良性互动。

三、培育制度红利，提升创新和人才在促进国民收入增长中的效率

有效率的组织是经济增长的关键，这基本已经成为学界在经济增长领域长期以来研究达成的共识。结合本书的研究结论，要成功规避"中等收入陷阱"，应以完善市场经济、促进市场效率提升为重点，加快突破瓶颈领域为指南，推进企业股份制改革。同时，以提升社会主义市场经济体制机制活力为目标，加快推进当前制约人力资本积累和企业创新领域的改革力度，具体措施包括以下四点。

第一，深化税费体制改革，进一步实现"减税降费"。党的十八大以来，我国下大力气推行商事制度改革，在维护经济社会平稳发展方面的成效固然显著，但从国际对比看，中国的营商环境仍有较大的提升空间。应该进一步深化"放管服"改革，特别是要把握好具有外部性事项的处理，排除国民收入提升进程中的制度阻碍，确保经济实现中高速增长。在减税方面，现行减税政策初见成效，2017 年全年财政收入 17.3 万亿元，若按照与名义 GDP10.5% 的增速同步计算，全年财政收入应为 17.8 万亿元，两者间的差值（5000 亿元）充分体现了减税效应。考虑到财政收入增长与生产者价格指数（PPI）的关联度更高，若按 2017 年 6.3% 的 PPI 计算，上述测算的减税幅度还会更大。2018 年，原材料价格上涨超过 8%，PPI 上涨 6.3%，居民消费价格指数（CPI）上涨 1.6%，说明压力向中下游逐步传导，税收虽然更多地来自前端，但调节国民收入的效果十分有限，因此，仍有减税的空间，应当推动所得税改革，一方面增加企业所得税研发扣除，为企业营造宽松的科创环境，激励企业开展核心技术突破的自主创新活动；另一方面将个人所得税改为综合征收，降低中低收入群体的纳税负担，避免个税异化为"工薪税"，形成逆向调节，从而为劳动力进行人力资本积累减轻压力。在降费方面，对于缺乏上位法规依据的非行政许可

审批类的收费项目，目前虽在中央政府层面已经全部清零，但在地方政府层面，这一类"灰色地带"的收费项目仍大量存在，应当作为下一步降费的工作重点。

第二，深入推进行政审批制度改革，进一步优化审批流程，加快推进审批和管理权限下放，提高审批速度。着力提高政务信息化水平，推进网上办事。整合部门行政、服务资源，统筹部门公共服务平台，建立信息互联互通机制，建立公共服务平台网络。积极引入第三方服务机构，围绕基本公共服务、社会管理性服务、技术服务等领域，采用公开招标、邀请招标等方式，不断创新和完善公共服务供给模式。实施无线宽带、智能交通、资源信息化管理等示范工程，提高数字化管理和服务能力。

第三，深化投融资体制改革、合理促进融资方式创新、稳步增加融资幅度。拓展存量资产融资渠道，减少新能源、新概念等朝阳企业以及大中企业、小微企业的融资成本；加快推进各要素市场建设，做大产权交易市场，发展壮大债券交易和结算市场，发展大宗商品交易平台，建立产权清晰、城乡衔接的建设用地指标交易市场；高效推进非公有制企业发展，构建资产抵押、贷款担保等民营小微企业扶持机制，鼓励民营企业参与重大项目开发建设，积极支持民间资本进入基础设施、市政公用事业、社会事业、政策性住房建设、文化旅游、物流等领域。

第四，建立市场导向的科研立项机制。健全符合国际规则的创新产品、服务采购政策体系，进一步完善新技术新产品供需对接机制和市场推介机制。健全市场化的技术创新资源共享。促进大型科学仪器向社会开放，进一步完善以科技资源开放量和服务企业业绩为导向的市场化评价机制。鼓励小微企业和创业团队利用重点实验室、工程技术研究中心等资源开展研发创新活动。

第五，进一步健全和完善产权制度。注重企业技术创新和知识产权保护，特别要强化对创新成果的保护手段，加大对侵犯产权行为的惩处力度，尊重科创人员的辛勤劳动，逐步实现企业的创新活动在制度红利助推下开花结果；以促进市场效率和企业的长期发展为重点，健全户籍管理制度，统筹协调技术、资金、劳务、人才市场，鼓励企业间合作，推动生产要素合理转移，实现资源在区域间、企业间的合理流动和最优配置。

第三节 规避"中等收入陷阱"，促进人均国民收入提升的补充对策

在新常态下，中国要规避"中等收入陷阱"，妥善解决制约人均国民收入增长的不利因素，结合前几章的研究结论，应尤为重视效率的提升，切实做好以下几方面的工作。

一、以深化经济体制改革处理好市场和政府之间的关系

资源配置效率的高低，很大程度上是一个制度问题。党的十九大报告明确提出，正确处理好政府和市场的关系是经济体制改革的关键，必须在更好发挥政府的作用的同时尊重市场规律。深化经济体制改革可为中国的经济效率提升、国民收入增长打下坚实的制度基础。

深化经济体制改革应进一步界定政府的责任边界。政府主要是提供公共产品的部门，如国防、社会保障、基础设施和法律框架等，私人产品和服务应主要交由市场来完成。在指导思想上，要改变长期以来政府干预政策所形成的片面认识，切实关注影响经济发展的长期问题，由发展型政府向促民生的服务型政府转型。要进一步清晰地界定政府在市场经济中的作用范围，推进法治化建设，及时制止政府在市场领域不正常的延伸和扩张，积极保障市场主体的经济自由。政府部门应继续强化法制调控经济的

手段，达到让不同属性企业与国家、人民利益趋于一致的社会治理效果。推进物权平等的市场环境建设，形成各种所有制经济公平竞争、相互促进的新局面，着力激发各类市场主体创新创业的活力。进一步扩充经济发展的可能性边界，增强政府部门定力，提升办事透明度，严格把控投资性支出和行政经费支出，通过引进严格的过程和事后评价制度减少社会福利的无谓损失。

深化经济体制改革应进一步鼓励和引导民间资本投资，激发各类市场主体的发展活力。毫不动摇鼓励和支持非公有制经济的健康、有序发展，确保不同所有制经济在使用生产要素、参与市场竞争和受法律保护等方面的平等地位。采取有效措施，深化垄断行业改革，深化落实中央鼓励支持民间投资的政策方针，逐步放开市场准入，让民营企业和外资企业充分参与市场竞争。

二、以确保企业家精神的发挥促进资源的优化配置

在推进资源合理配置过程中企业家的作用至关重要。企业家是经济的直接参与者，在信息化时代，企业家才能的主导作用越发凸显，其对经济形势的感悟和判断要比政府官员更为敏锐，同时，企业家的套利动机会指引他们的资金投向更具盈利的可能。

因此，要为企业家精神的充分发挥提供适当的便利条件，政府应着力建设有利于企业家发挥才能的制度环境。充分认识高素质、有远见和有信心的企业家群体的重要性，进一步放宽行业管制、革除各种歧视政策，让企业家们不再面临各种"玻璃门""旋转门"的困扰，让他们的经营不再有后顾之忧。并且，法规和政策的一致、连续和透明，会大大增强企业经营的可预见性和企业家的信心。此外，市场退出机制的有效贯彻和落实，以及依法执行个人破产和个人担保法规的出台，将有利于稳固优胜劣汰的市场环境。

三、以提供更有效率的基础设施助力经济发展

近 20 年来，政府渐渐重视基础设施建设的质量，在全国范围内推进抓质量的活动，查处、打击"豆腐渣"工程中相关责任人，取得了明显的进步。但是，中国的基础设施建设质量较差、使用效率较低、重复建设严重等问题仍顽固地存在。这些都严重制约了经济效率。因此，各级政府在进行基础设施建设时，应当更多从效率角度进行考量。在制定政策时，应对那些能产生更大社会效益且经济效益良好的基础设施建设予以倾斜。第一，支持"互联网+"相关设施建设应该成为政策着力点之一，主要原因在于"互联网+"极有可能对未来基础设施互联互通产生革命性影响。第二，新产业和新业务模式将促使投资机会大量涌现，各级政府应积极为企业创新者、投资人提供良好的配套服务。这些服务关键在于引导上述群体改进运营效率，提高资本收益，接受更激烈的竞争和更严格的监管。第三，相关机构应当尽快建立完善高标准的损益分析框架，根据保护环境和生态的新标准以及维护相关利益人的人权和生存发展权益等新要求，在基础设施建设过程中进行认真审核和监督。针对低效率基础设施建设，追究建设者、投资人和监理、评估机构的责任。

四、以完善体系建设加强金融对实体经济的支持

完善金融体系的建设，对优化资源配置、提升人均国民收入意义非凡。在金融体系的完善过程中，首先应该优化金融生态环境。完善政策性金融体系，发挥金融政策的方向指引和支持保障作用。优化民生类投资建设、住房金融支持、中小企业发展、扶贫开发等各方面战略政策规划，弥补金融资源市场化配置机制的不足。重视金融政策的传导体系，使金融政策能有效转达到实际部门。建立健全信息公示制度，提升金融部门业务和

金融政策制定的透明度。在金融司法体制方面，设立金融审判庭、金融监察科和金融仲裁院，不断加大打击各种金融犯罪、非法金融活动和反洗钱犯罪的力度。健全社会信用体系，加大各类信用信息资源整合力度，加快推进企业和个人征信工作，完善社会征信体系建设。搭建金融信用信息平台，推动形成信用信息交换机制。创新金融信用产品，改善金融服务，维护金融消费者个人信息安全，保护金融消费者合法权益，加大对金融欺诈、披露虚假信息以及恶意逃避银行债务、内幕交易、制造假保单、骗保骗赔、非法集资等金融失信行为的惩戒力度，规范金融市场秩序。加强金融信用信息基础设施建设，进一步扩大信用记录的覆盖面，强化金融业对守信者的激励和对失信者的约束。其次，应强化金融人才队伍建设。加快金融人才一体化建设，实现中央和地方金融人才双向沟通与融合发展，促进境内和境外金融人才引进与交流机制的完善，充分发挥政府主导和企业主体作用，一方面搭建统一、开放的金融人才资源市场，促进金融人才有序流动；另一方面组织金融产业海外推介活动和金融人才境外培训，吸引海外高端金融人才并进一步提高国内金融人才的业务水平，为促进金融业的发展转型提供重要保障和支撑。健全金融人才工作机制，加强对金融人才队伍建设的组织领导力度，建立科学规范的金融人才认定机制，对做出重大贡献的金融人才给予奖励措施，营造良好的社会舆论氛围。加快落实金融人才培养、储备工作。建立金融人才需求目录，统计各类金融机构和金融新业态对人才的需求，分类动态建立需求目录，为金融人才引进提供数据支持。优化金融人才发展环境，建立合理的薪酬机制与激励机制。进一步完善以经济效益、资产质量为核心的绩效考核体系，出台将金融人才个人收入与贡献、绩效挂钩的收入规定和奖惩条例，扩大股权激励机制的适用范围，引导金融人才凭自身专业特长形成积极良好的工作动力。

同时，要加快金融创新，积极引导金融为实体经济服务。着力推进绿色金融发展，使金融更好支持大气和水环境治理等领域的生态环境建设。大力发展绿色金融机构和绿色金融市场。增加对绿色金融生产和绿色消费领域的信贷投放，满足不同层次、不同类型环保企业的需求。拓展绿色保险的业务范围，将可持续发展的经营理念纳入各类保险实践中。健全绿色金融间接融资市场，培育和发展绿色金融直接融资市场，尽快形成渐融、直融协同发展的较完备的绿色金融市场。支持碳金融和碳排放交易发展，为低碳经济的发展提供支持。制定绿色金融长期发展战略，解决绿色金融的外部性问题，完善绿色金融约束激励机制。最后，健全完善金融组织管理体系。构建地方金融监管、行业自律、金融机构内部控制相结合的金融管理体系，发挥行业协会和中介组织作用，增强法人金融机构内控力。充分发挥小贷协会、担保协会、银行业协会基金协会、期货证券协会的作用，制定行业自律准则，规范行业健康发展。积极支持会计师事务所、律师事务所、资产评估、信用评级等中介服务机构发展，充分发挥其在金融环境体系中的市场监督职能，形成有利于金融部门发展的外部约束。引进民营资本，提升区域金融法人内控力，一方面增强法人金融机构资本实力，另一方面有利于形成良好的地方法人金融机构内部治理结构，强化内部约束，降低违规违纪行为的可能性。

五、以大力实施创新驱动战略全面提升中国人均GNI增长潜力

不断取得技术突破是中国实现对"中等收入陷阱"跨越的重要途径。随着中国经济步入新常态，创新驱动型经济发展方式的作用将越发重要，并且要从根本上提升中国的创新水平，就必须大力实施创新驱动战略，为确保中国经济可持续增长提供强大的科技支撑。

因此，应重点做好以下几点工作：首先，着力实施创新驱动战略，建立透明、便捷且高效的行政审批机制，最大限度减少权力商品化对创新主体的损害。其次，健全支持企业创新的政策方案，助力企业自主创新活动的开展。再次，重视创新的知识储备，完善创新的体制设计。同时，优化

产学研利益联结机制，改善现有科技立项和评价方法。最后，改进创新资源整合机制，妥善解决信息不充分问题，突出重点行业强化协同创新，强化创新支撑体系。

第四节 研究展望

虽然本书的研究具备以上创新和突破，但仍存在些许不足，大致有以下几点：

第一，理论模型构建与增长理论及中等收入经济体发展实际有待进一步贴合。本书在新古典增长理论的研究范式下构建了包括人力资本积累与企业创新互动机制模型，最适度人力资本积累比例分析模型，世代交叠中人力资本积累、企业创新及两者互动关系下的经济增长路径分析模型，对人力资本积累和企业创新对跨越"中等收入陷阱"的有效性进行了相对合理的机制分析。由于知识体系和科研能力的限制，这一理论模型仍有进一步扩展的可能。比如内生增长理论的分析框架对均衡经济增长路径研究的适用性一直是经济学界理论研究争论的焦点，而且收入差距过大等因素普遍存在于落入陷阱的中等收入国家中，能否通过内生增长理论进一步将收入差距等因素纳入理论分析模型，从而对"中等收入陷阱"进行理论解释值得进一步研究。

第二，实证分析的计量模型精确性存在提升可能。本书着重研究人力资本积累、企业创新及其协同作用对"中等收入陷阱"跨越的作用研究，在分析经济总量影响因素时使用了人力资本积累、企业创新、固定资本投资和医疗与卫生支出等指标，但净出口总额、居民消费水平和金融发展规模等也是影响经济增长的重要原因，实证研究过程中考虑到异方差、多重共线性和内生性等可能遇到的问题，在分析地区经济增长与人力资本积累、企业创新的关系时，本书并未将这些因素一并纳入实证模型，将尽可能多的变量纳入计量检验，使实证分析结果更具说服力，应该成为今后研究中进行查缺补漏的环节之一。

第三，实证检验运用的研究数据有更加完善的空间。由于各地区之间不同类型人力资本积累的比例存在差异，而且与人力资本相关的健康、教育、科技等区域企业、政府和居民支出数据无法直接得到，因而本书在测算中国各地区不同类型人力资本积累数据时，进行了修正和处理，具体方法见文中详细介绍，这事实上削弱了中国各区地区不同类别人力资本积累比例的差异性，如果使用更全面的数据进行实证分析，将直接增加计量检验的严谨性。由于存在上述不足以及"中等收入陷阱"领域留待研究的诸多问题，从而共同构成了本书的研究展望。

一、理论分析可能的研究拓展

本书分析人力资本积累、企业创新和"中等收入陷阱"的内在联系所建立的世代交叠理论框架具有一定的扩张弹性，虽然本书在理论上只专注于人才与创新的互动，以及"中等收入陷阱"产生的理论机制，但事实上本书认为在以下方面可以实现进一步理论分析。

（一）理论模型分析的可能拓展

本书是在经济增长框架下，构建了包括人力资本积累与企业创新互动机制模型，最适度人力资本积累比例分析模型，世代交叠中人力资本积累、企业创新及二者互动关系下的经济增长路径分析模型，对人力资本积累和企业创新对跨越"中等收入陷阱"的有效性进行了相对合理的机制分析。由于知识体系和科研能力的限制，这一理论模型仍有进一步扩展的可能，比如数理模型推导是在社会再生产过程中不存在效率损失的前提下展开的，并未放开对完全竞争市场的基本假设，未来可以将因产权等制度因素，这一引起交易费用和效率损失的重要指标，进一步纳入解释"中等收入陷阱"的世代交叠模型主体框架中进行分析。

（二）同领域可能的拓展

本书提到了人力资本积累和创新是影响人均国民收入增长的重要因素，居民消费规模、进出口总量和金融发展程度等也在一定程度上对收入水平产生影响。以进出口和金融发展为例，二者是否也存在类似于人力资本与企业创新的协同机制，并通过良性互动进一步促进人均国民收入的进一步增长？本书认为，与研究人力资本与创新互动类似，在世代交叠模型中，研究收入的其他影响因素的互动和具体作用，在逻辑上也有其合理性。

（三）相关领域可能的拓展

本书在新古典增长理论的研究范式基础上，进行的人力资本积累、企业创新以及"中等收入陷阱"问题研究，而在经济增长研究领域，内生增长理论的分析框架对均衡经济增长路径研究的适用性一直是经济学界理论研究争论的焦点，而且收入差距过大等因素普遍存在于经济增长缓慢的大多数国家中，能否通过内生增长理论进一步将收入差距等因素纳入经济增长理论，从而对一些国家在突破马尔萨斯均衡后，虽然持续发展但增速较缓进行理论解释，值得进一步研究。

二、计量分析可能的研究拓展

本书计量检验在数据收集和处理方面的工作较为复杂烦琐，在这过程中的一些节点极具挑战。其包括如何更贴合实际地度量人力资本积累水平、如何更加准确地估算创新能力、如何更精确地衡量不同类型人力资本与技术创新的协同效应仍是学界聚焦的研究范畴。相关数据的指标选取和测算方法，会对计量检验造成巨大影响。受到分析能力的制约，选取的资料和测算、计量方法等方面确实存有改进的余地，回顾实证分析阶段遭遇的挑战，本书认为在以下方面可以有所突破。

（一）关于不同类型人力资本积累水平的测算问题

目前，学术界关于物质资本积累的测算日渐成熟，但是对人力资本积累度量因研究方法不同而使分析结果差别显著。在世代交叠的长期测度中，分类方法不同将造成两类人力资本积累水平的较大差距，进一步影响人力资本与创新能力的协同效应，从而共同作用于本书的研究结论。

（二）多因素计量分析中的多重共线问题

本书着重研究人力资本积累、企业创新及其协同作用对"中等收入陷阱"跨越的作用，但进出口总额、居民消费水平和金融发展规模等也是影响总产出的重要原因，实证研究过程中考虑可能遇到的多重共线性问题，在分析地区经济增长与人力资本积累、企业创新的关系时，本书并未将这些因素一并纳入实证模型；将尽可能多的变量纳入计量检验，使实证分析结果更具说服力，应该成为今后研究的主攻方向。

（三）实证检验的计量模型的选用问题

本书在研究中国整体和代表性地区的人力资本与企业创新微观互动机制时，采用的向量自回归模型，进行人力资本与创新能力协同效应对"中等收入陷阱"的宏观分析时，在固定效应模型中采用了交互项等多变量的研究方法，为了符合计量模型的对回归结果的约束条件，替换了若干控制变量，还包括保留常数项和内生性处理等过程，今后的研究可以尝试更有效的实证方法以增加计量检验的严谨性，使研究目标论证更加逻辑自洽和充分。

参考文献

[1] 巴泽尔著,费方域,段毅才译. 产权的经济分析 [M]. 上海:上海人民出版社,2011.

[2] 白仲林. 面板数据的计量经济分析 [M]. 天津:南开大学出版社,2008.

[3] 曹泽,李东. R&D 投入对全要素生产率的溢出效应 [J]. 科研管理,2010 (3):18-25.

[4] 蔡昉. "中等收入陷阱" 的理论、经验与针对性 [J]. 经济学动态,2011 (12):4-5.

[5] 陈纯槿,郅庭瑾. 世界主要国家教育经费投入规模与配置结构 [J]. 中国高教研究,2017 (11):77-85.

[6] 陈健. 市场结构与 "中等收入陷阱" [J]. 河北经贸大学学报,2016 (1):68-72.

[7] 陈英. 技术创新与经济增长 [J]. 南开经济研究,2004 (5):6-11.

[8] 陈志军,闵亦杰,蔡地. 家族涉入与企业技术创新:国际化战略与人力资本冗余的调节作用 [J]. 南方经济,2016 (9):61-76.

[9] 代法涛. 跨越 "中等收入陷阱":理论、经验和对策 [J]. 财经研究,2014 (2):55-63.

[10] 丁一凡. "中国会不会重蹈拉美和东亚经济体的覆辙?" [J]. 国

际经济评论，2015（6）：43-48.

[11] 崔晓露. 两部门扩大再生产模型探讨——基于马克思社会再生产理论[J]. 经济问题，2013（5）：10-15.

[12] 崔玉平. 中国高等教育对经济增长率的贡献[J]. 教育与经济，2001（1）：1-5.

[13] 道格拉斯·诺斯，罗伯斯·托马斯著，厉以平，蔡磊译. 西方世界的兴起[M]. 华夏出版社，2009.

[14] 杜传忠，刘英基. 拉美国家"中等收入陷阱"及其对我国的启示[J]. 理论学习，2011（6）：50-54.

[15] 付辉辉，彭灿. 人力资本对企业自主创新能力的影响[J]. 经营与管理，2014（1）：145-148.

[16] 盖勒著，杨斌译. 统一增长理论[M]. 北京：中国人民大学出版社，2017.

[17] 高杰. "中等收入陷阱"的"理论述评"[J]. 经济学动态，2012（3）：83-89.

[18] 龚刚. 论新常态下的供给侧改革[J]. 南开大学学报，2016（2）：13-20.

[19] 郭继强. 人力资本投资的结构分析[J]. 经济学（季刊），2005（4）：689-706.

[20] 郭真，郑芳. 国家重要战略机遇期的历史和国际维度审视[J]. 社会主义研究，2011（4）：135-139.

[21] 韩斌，李阳春，张颖雪. 企业技术创新型人力资本增值路径的研究[J]. 科学管理研究，2015（6）：93-96

[22] 杭永宝. 中国教育对经济增长贡献率分类测算及其相关分析[J]. 教育研究，2007（2）：38-47.

[23] 贺大兴，姚洋. 不平等、经济增长和"中等收入陷阱"[J]. 当代经济科学，2014（5）：1-9.

[24] 胡凤玲, 张敏. 人力资本异质性与企业创新绩效——调节效应与中介效应分析 [J]. 财贸研究, 2014 (6): 121-128.

[25] 江时学. 真的有"中等收入陷阱"吗？[J]. 世界知识, 2011 (7): 54-55.

[26] 焦晓云. "中等收入陷阱"的国际观照与中国的应对策略 [J]. 当代经济管理, 2016 (4): 1-5.

[27] 孔泾源. "中等收入陷阱"的国际背景、成因举证与中国对策 [J]. 改革, 2011 (10): 5-13.

[28] 冷湘. 科技投入、地区差异与经济增长 [J]. 重庆邮电大学学报 (社会科学版), 2009 (3): 112-117.

[29] 李安巧. 谈动荡性金融市场中信息的策略性互补效应 [J]. 商业经济研究, 2010 (17): 42-43.

[30] 李德煌, 夏恩军. 人力资本对中国经济增长的影响——基于扩展 Solow 模型的研究 [J]. 中国人口资源与环境, 2013, Vol. 23 (8): 100-106.

[31] 李海峥, 贾娜, 张小蓓, Barbara Fraumeni. 中国人力资本的区域分布及发展动态 [J]. 经济研究, 2013 (7): 49-62.

[32] 李红艳, 汪涛. "中等收入陷阱"的国际实证比较及对中国启示 [J]. 产经评论. 2012 (3): 111-122.

[33] 李实, 万海远. 劳动力市场培育与"中等收入陷阱" [J]. 经济研究, 2014 (4): 188-191.

[34] 李晓宏, 孙林岩, 何哲. 中国技术进步影响因素研究 (1981~2006年) ——基于向量自回归模型实证分析 [J]. 软科学, 2008 (7): 24-29.

[35] 李月, 邓露. 知识、全要素生产率与"中等收入陷阱" [J]. 世界经济研究, 2017 (5): 109-126.

[36] 廉启国. Stata 数据统计分析教程 [M]. 北京: 机械工业出版

社，2016.

[37] 林洲钰，林汉川，邓兴华. 集团化经营对企业技术创新的影响研究——基于人力资本视角 [J]. 科学学研究，2015 (3)：71-80.

[38] 刘芳，李炳军，高波. 中国科技投入对经济增长影响的实证分析 [J]. 河南科学 (3)，2010 (3)：369-373.

[39] 刘福垣. "中等收入陷阱"是一个伪命题 [J]. 南风窗，2011 (16)：76-78.

[40] 刘伟. 如何跨越"中等收入陷阱"——"十三五"中国经济发展前瞻 [J]. 开发性金融研究，2016 (1)：9-15.

[41] 刘伟. 突破"中等收入陷阱"的关键在于转变发展方式 [J]. 上海行政学院学报，2011 (1)：4-11.

[42] 刘馨颖. 日本跨越"中等收入陷阱"的经验和启示 [J]. 税务研究，2015 (11)：72-79.

[43] 刘耀彬，杨靖旭，蔡梦云. 人力资本视角下R&D投入对经济增长的门槛效应 [J]. 河北经贸大学学报，2017 (7)：1-8.

[44] 卢馨. 企业人力资本、R&D与自主创新——基于高新技术上市企业的经验证据 [J]. 暨南学报，2013 (1)：104-117.

[45] 罗默著；王根蓓译. 高级宏观经济学 [M]. 上海：上海财经大学出版社，2009 (8)：5.

[46] 马歇尔著，章洞易译. 经济学原理 [M]. 北京：北京联合出版社，1989.

[47] 马岩. 我国面对"中等收入陷阱"的挑战及对策 [J]. 经济学动态，2009 (7)：42-46.

[48] 朴馥永. 以经济转型跨越"中等收入陷阱"——来自韩国的经验 [J]. 经济社会体制比较，2013 (1)：9-10.

[49] 钱雪亚. 人力资本水平统计估算 [J]. 统计研究，2012 (8)：74-82.

［50］秦佳."中等收入陷阱"理论、经验与中国发展道路［D］.天津：南开大学，2014.

［51］秦佳，李建民.人口年龄结构、就业水平与"中等收入陷阱"［J］.中国人口科学，2014（2）：32－43.

［52］权衡.如何避免陷入"中等收入陷阱"［N］.文汇报，2010－10－26，第5版.

［53］余长林.人力资本投资结构及其经济增长效应——基于扩展MRW模型的内生增长理论与实证研究［J］.数量经济技术经济研究，2006（12）：117－125.

［54］邵建春，李霞.研发投入与中国经济增长：基于VAR模型的研究［J］.经济问题，2008（5）：45－48.

［55］沈利生，朱运法.人力资源开发与经济增长关系的定量研究［J］.数量经济技术研究，1997（12）：9－13.

［56］史清琪，秦宝庭，陈警.中国经济增长因素分析［M］.北京：科学技术文献出版社，1993.

［57］施生旭，郑义芳，石礼忠.技术进步对经济增长的效应分析及实证研究——基于马克思经济增长模型［J］.理论月刊，2014（3）：12－16.

［58］师旭辉.现阶段我国经济社会特征与宏观政策取向——基于"中等收入陷阱"的国际经验［J］.经济研究参考，2014：49－58.

［59］舒元，徐现祥.中国经济增长模型的设定：1952－1998［J］.经济研究，2002（11）：3－11.

［60］孙世强，大西广.日本马克思学界对社会再生产理论研究的新阐释及启示——基于最优经济增长模型视角［J］.马克思主义研究，2014（8）：93－101.

［61］孙永强，徐滇庆.中国人力资本的再估算及检验［J］.中国高校社会科学，2014（1）：125－131.

［62］谭永生.人力资本与经济增长——基于中国数据的实证研究

[M]. 北京：中国财政经济出版社，2007：193.

[63] 陶振全. "中等收入陷阱"的历史考察与我国跨越路径研究[D]. 北京：中国社会科学院，2017.

[64] 王家庭. 科技创新、空间溢出与区域经济增长：基于30省区数据的实证研究[J]. 当代经济管理，2012（11）：49-54.

[65] 王瑾. 技术创新促进区域经济增长的机理研究[J]. 经济纵横，2003（11）：26-28.

[66] 王少国，潘恩阳. 人力资本积累、企业创新与"中等收入陷阱"[J]. 中国人口·资源与环境，2017，27（5）：153-160.

[67] 王少国，潘恩阳. 新常态下中国"中等收入陷阱"风险研究[J]. 中国特色社会主义，2015（3）：34-39.

[68] 王少国，潘恩阳. 新常态下中国跨越"中等收入陷阱"的对策[J]. 经济研究参考，2015（9）：39-41.

[69] 王晓丹，金喜在. 基于DEA方法的人力资本结构效率评价[J]. 税务与经济，2008（3）：36-41.

[70] 王小鲁，樊纲，刘鹏. 中国经济增长方式转换和增长可持续性[J].《经济研究》，2009（4）.

[71] 张晓晶. 跨越"中等收入陷阱"：国际经验与中国出路[J]. 国际经济评论，2015（6）：27-32.

[72] 吴爱华，苏敬勤. 人力资本专用性、创新能力与新产品开发绩效——基于技术创新类型的实证分析[J]. 科学学研究，2012（6）：950-960.

[73] 吴林海，杜文献. 中国R&D投入与经济增长的关系——基于1991~2005年间中国科技统计数据的协整分析[J]. 科学管理研究，2008（2）：89-92.

[74] 吴文学，祁金利. 自主知识创新是中国经济未来增长的主要动力[J]. 中国特色社会主义研究，2014（3）：38-43.

[75] 吴易风. 马克思的经济增长理论模型 [J]. 经济研究, 2007 (9): 11-17.

[76] 辛本健. 我国陷入"中等收入陷阱"的风险与对策 [J]. 红旗文稿, 2011 (19): 15-18.

[77] 徐瑾. "中等收入陷阱"研究评述——兼对"东亚增长模式"的思考及启示 [J]. 经济学动态, 2014 (5): 96-103.

[78] 徐永慧, 李月. 跨越"中等收入陷阱"中全要素生产率的作用及比较 [J]. 世界经济研究, 2017 (2): 88-98.

[79] 晏成步. 高等教育公共支出的国际比较分析——兼议高等教育财政制度转型 [J]. 中国高教研究, 2017 (5).

[80] 杨丽. 收入分配与"中等收入陷阱"的关系研究 [D]. 天津: 南开大学博士论文, 2013.

[81] 杨雪娇. 上海市制造业人力资本特征与企业创新能力关系的实证研究 [J]. 科技和产业, 2016 (5): 18-21.

[82] 衣保中, 李敏. 中国区域人力资本结构的测算与分析 [J]. 山东经济, 2010 (3): 141-147.

[83] 于茂荐. 专用性人力资本、治理机制与企业创新——基于制造业上市公司的经验证据 [J]. 武汉理工大学学报, 2016 (6): 135-141.

[84] 战明华, 王晓军, 史晋川. 部门异质性与中国经济增长的多重均衡 [J]. 财经研究, 2014 (3): 30-41.

[85] 张德荣. "中等收入陷阱"发生机理与中国经济增长的阶段行动力 [J]. 经济研究, 2013 (9): 17-29.

[86] 张俊莉. 西部地区产业结构与人力资本结构协同现状及对策研究 [J]. 甘肃社会科学, 2004 (3): 170-174.

[87] 张平. "中等收入陷阱"的经验特征、理论解释和政策选择 [J]. 国际经济评论, 2015 (6): 49-54.

[88] 张晓峒. Eviews 使用指南与案例 [M]. 北京: 机械工业出版

社，2015.

[89] 张旭华. "中等收入陷阱"的成因假说、经验比较与对策研究[J]. 改革与战略，2014（10）：23-28.

[90] 郑秉文. "中等收入陷阱"与中国发展道路[J]. 中国人口科学，2011（1）：2-11.

[91] 钟玉琴. 我国面临的"中等收入陷阱"风险及其应对措施[J]. 现代管理科学，2012（2）：86-88.

[92] 周密，刘璇. 我国技术空间扩散效应的测度与比较[J]. 科学管理研究，2009（4）：25-29.

[93] 周文，孙懿. 中国面对"中等收入陷阱"问题的解构：本质、挑战与对策[J]. 经济学动态，2012（7）：46-47.

[94] 周学. 经济大循环理论—破解"中等收入陷阱"和内需不足的对策[J]. 经济学动态，2010（3）.

[95] Agenor, Canuto. Middle-income Traps [R]. World bank policy research working paper No. 6210, 2012.

[96] Agion, Howitt. A Model of Growth through Creative Destruction [J]. Econometrica, 1992, 60 (2): 323-351.

[97] Arrow, K. J. The Economic Implications of Learning by Doing [J]. Review of Economic Studies, 1962.

[98] Barro, Robert J, and Jong-Wha Lee. A New Data Set of Educational Attainment in the World, 1950-2010 [J]. Journal of Development Economics, 2013 (104): 184-198.

[99] Becker, G. S. Human Capital [M]. Columbia University Press, NEW York, 1964.

[100] Bamey J. Firm Resources and Sustained Competitive Advantage? [J]. Journal of management, 1991, 17 (1): 99-120.

[101] Benhabib, J., and Spiegel, M., M. Human Capital and Technol-

ogy Diffusion, in P. Aghion and S. N. Durlauf (eds), Handbook of Economic Growth, Vol. IA, Elsevier North-Holland, Amsterdam, 2005.

[102] C. J. Dahlman. The Problem of Externality [J]. Journal of Legal Study, Vol. 22, No. 1 (1979): 141 – 162.

[103] Caglar Ozden. Brain Drain in Latin America, United Nations Secretariat, 2006.

[104] Cass David. Optimum Growth in an Aggregative Model of Capital Accumulation [J]. The Review of Economic Studies, 1965, 32 (3): 233 – 240.

[105] Chesbrough, H. Managing open innovation Research Technology Management, 2004, 47 (1): 23 – 26.

[106] Coase, Ronald H. The Nature of the Firm [J]. Economica, 1937 (4): 386 – 405.

[107] Coe D. T., Helpman E. International R&D Spillovers [J]. European Economic Review, 1995 (5): 859 – 887.

[108] Cooke P., Uranga M. G. Regional System of Innovation: An Evolutionary Perspective [J]. Environment and planning, 1998 (8): 1111 – 1125.

[109] Cooke P. Regional Innovation System, Clusters and the Knowledge Economy [J]. Industrial and Corporate Change, 2001 (10): 945 – 975.

[110] Craft N. British Evonomic Growth during the Industrial Revolution, UK: Oxford University Press, 1985.

[111] Craft N., and Harley, K. C. (1992) Output Growth and the British Industrial Revolution: A Restatement of the Crafts-Harley View, Economic History Review. 1992, 54 (4): 703 – 730.

[112] Diamond Peter A. National Debt in a Neoclassical Growth Model [J]. The American Economic Review, 1965, 55 (5): 1126 – 1150.

[113] Earl M. Knowledge Management Strategies: Toward a Taxonomy. of Management Information Systems, 2001, 18 (1): 215 – 242.

[114] Edward Fulton Denison. The Sources of Economic Growth in the United States and the Alternatives before Us [M]. New York: Committee for Economic Development, 1962: 73.

[115] Education, Science and Technology in Latin America and the Caribbean: A Statistical Compendium of Indicators. Inter-American Development Bank, 2006: 38.

[116] Eichengreen. When Fast Growing Economies Slow Down: International Evidence and implications for China [R]. NBER working paper No. 16919, 2011.

[117] Eva Paus. Can Latin America Escape from the Middle-Income Trap? Policy Lessons from a Transregional Comparison, USA, 2009 (8).

[118] E. Soukiazis and M. Antunes. Foreign Trade, Human Capital and Economic Growth: An Empirical Approach for the European Union Countries [J]. The Journal of International Trade and Economic Development. 2012, 21 (1): 3 - 24.

[119] Felipe J., Abdon A., Kumar U. Tracking the Middle-Income Trap: What Is It, Who Is in It, Why [J]. Levy Economics Institute of Bard College Working Paper 715, April, 2012.

[120] Foss N. J. Higher-order industrial capabilities and competitive advantage [J]. Industrial Studies, 1996.

[121] Forst, A. D., and Rosenzweig, M. R. Technical Change and Human-Capital Returns and Investments: Evidence from the Green Revolution, American Economic Review, 1996 (4): 931 - 953.

[122] Freeman. Networks of Innovation: A Synthesis of Research Issues [J]. Research Policy, 1991, 20 (5): 499 - 514.

[123] Galor, O., and Tsiddon, D. Technological Progress, Mobility, and Economic Growth, American Economic Review, 1997 (3): 363 - 382.

[124] Galor, O., and Weil, D. N. The Gender Gap, Fertility, and Growth, American Economic Review, 1966 (3): 374 - 387.

[125] Galor, O., and Moav, O. Ability-biased Technological Transision, Wage Inequality, and Economic Growth, Quarterly Journal of Economics, 2000 (2): 469 - 497.

[126] Galor, O. and Moav, O. Natural Selection and the Origion of Economic Growth, Quarterly Journal of Economics, 2002 (4): 1133 - 1191.

[127] Gill. I. S., and H. J. Kharas. An East Asian Renaissance: Ideas for Economic Growth, World Bank, 2007, No. 39986.

[128] Griliches, Z., Lichtenberg E. Inter Industry Technology Flows and Productivity Growth: A Reexamination [J]. Review of Economics and Statistics, 1984 (2): 324 - 329.

[129] Hansen, G. D & E. Presccot. Mathus to Solow [J]. American Economic Review, 2002 (10): 1 - 24.

[130] Hassler, J., and Mora, J. V. R. Intelligence, Social Mobility, and Growth [J]. American Economic Review, 2000 (4): 888 - 908.

[131] Hoch, L. Estimation of Production Function Parameters Combining Time-series and Cross-section Data [J]. Economitrica, 1962 (30): 34 - 53.

[132] James M. Utterback. Mastering the Dynamics of Innovation: How Companies can Seize Opportunities in the Face of Techno-logical Change [M]. Harvard Business School Press, 1996. 236 - 238.

[133] Jankowska, A. Nagengast, and J. R. Perea. The Product Space and the Middle-Income Trap, OECD Development Centre, 2012, No. 11.

[134] Jorgenson, Dale W. and Fraumeni, Barbara M. Investment in Education and U. S. Economic Growth [J]. Scandinavian Journal of Economics, 2012 (94): 51 - 70.

[135] Jones C. I. Growth: With or Without Scale Effect? [J]. American

Economic Review, 1999.

[136] Jones, Charles. R&D-Based Models of Economic Growth [J]. Journal of Political Economy, 1995a: 10 – 31.

[137] Kearns A., Ruaner F. The Tangible Contribution of R&D-Spending Foreign-owned Plants to a Host Region: A Plant Level Study of the Irish Manufacturing Sector (1980—1996) [J]. Research Policy, 2001.

[138] Kenichi Ohno. Avoiding the Middle-Income Trap-Renovating Industrial Policy Formulation in Vietnam [J]. ASEAN Economic Bulletin, 2009 (1): 25 – 43.

[139] Koopmans T. On the Concept of Optimal Economic Growth. The Economic Approach to Development Planning. Amsterdam: North Holland, 1965.

[140] Kuh E. The Validity of Cross-sectionally Estimated Behavior Equations in Times Series Applications [J]. Economitrica, 1959 (27): 197 – 214.

[141] Lucas R E. On the Mechanism of Economic Development [J]. Journal of Monetary Economics, 1988, 22 (1): 3 – 42.

[142] Mansfield. The Modern University: Contribution to Industrial Innovation and Recipient of Industrial R&D Support [J]. Research Policy, 1996 (25): 1047 – 1058.

[143] Mundlak Y. Empirical Production Function Free of Management Bias, Journal of Farm Economics, 1961 (43): 45 – 56.

[144] Nelson, R. R., and Phelps, E. S. Investment in Humans, Technological Diffusion and Economic Growth, American Economic Review, 1966 (2): 69 – 75.

[145] North, Douglass C. Institution Institution Change and Economic Performance, Cambridge University Press, 1990: 3 – 9.

[146] O. E. Willianmson. The Economic Institution of Capitalism, New York: The Free Press, 1985.

[147] Park H. S. , Rene E. R. , Choi S. M. Strategies for Sustainable Development of Industrial Park in Ulsan, South Korea: From Spontaneous Evolution to Systematic Expansion of Industrial Symbiosis [J]. Journal of environmental management, 2008, 87 (1): 1 – 13.

[148] Paul M. Romer. Increasing Returns and Long Run Growth [J]. Journal of Political Economy, 1986 (94).

[149] Ramsey F. P. A Mathematical Theory of Saving [J]. The Economic Journal, 1928, 38 (152): 543 – 559.

[150] Ritala P. , Olander H. , Michailova S. , Husted K. Knowledge Sharing, Knowledge Leaking and Relative Innovation Performance: An Empirical Study [J]. Technovation, 2015 (35): 22 – 3.

[151] Robert J. Barro, Xavier Sala Martin. Economic growth [M]. MIT Press, 1998.

[152] Robertson P. E. , Ye L. F. On the Existence of a Middle Income Trap [J]. Workong Paper in SSRN, 2013.

[153] Rothwell. Developments to wards the fifth generation model of innovation [J]. Technology Analysis and Strategic Management, 1992, 4 (1): 73 – 75.

[154] Schultz. Investment in Human Capital [J]. American Economic Review, 1961, (51): 6 – 8.

[155] Shultz S. The Value of the Ability to Deal with Disequilibria [J]. Journal of Economic Literature, 1975 (13): 28 – 38.

[156] Uzawa. Hirofumi. Optimum Technical Change in An Aggregative Model of Economic Growth [J]. International Economic Review, 1965 (1): 18 – 31.

[157] Wakelin K. Productivity Growth and R&D Expenditure in UK Manufacturing Firms [J]. Research Policy, 2001 (7): 1079 – 1090.

[158] Wing Thye Woo. Getting Malaysia Out of the Middle – Income Trap [J]. Social Science Research Network. 2010: 45 – 49.

[159] Wright P. M. , McMahan G. C. , McWilliams A. Human Resources and Sustained Competitive Advantage: A Resource-based Perspective?[J]. International Journal of Human Resource Management, 1994, 5 (2): 301-326.

附 录

附录一

世界银行统计的各国以人均 GDP 为指标的收入划分基准

年份	中低收入下限	中低收入上限	高收入下限
1997	566	3200	10627
1998	508	3365	10561
1999	636	3479	10685
2000	637	3512	10832
2001	734	3611	10713
2002	779	3886	10900
2003	791	3988	11271
2004	817	4060	11595
2005	829	4571	11801
2006	857	5061	12532
2007	613	4970	11913
2008	692	4917	12072
2009	768	5069	12617
2010	880	5183	12988
2011	1012	5092	12798
2012	972	5135	13301
2013	1025	5346	13613
2014	1063	5583	13892
2015	1179	5596	13254
2016	1286	5609	13165
2017	1339	5813	13256

数据来源：根据世界银行网站 http//data.worldbank.org 公开数据整理而成。

附录二

人力资本积累与企业创新协同效应的数据

年份	中国				北京市			
	企业专利	科创人数	专利对数	人员对数	企业专利	科创人数	专利对数	人员对数
1992	28311	1372037	10.25	14.00	3265	247525	8.09	12.42
1993	56882	1372012	10.95	14.13	5806	252811	8.67	12.44
1994	40336	1538758	10.60	14.25	3914	240386	8.27	12.39
1995	41881	1553943	10.64	14.26	4025	252232	8.30	12.44
1996	40337	1687844	10.61	14.34	3295	265552	8.10	12.49
1997	46389	1667767	10.74	14.33	3327	273161	8.11	12.52
1998	61378	1490149	11.02	14.21	3800	237127	8.24	12.38
1999	92112	1594623	11.43	14.28	5829	229584	8.67	12.34
2000	95236	2045906	11.46	14.53	5905	261113	8.68	12.47
2001	99278	2071530	11.51	14.54	6246	240609	8.74	12.39
2002	112103	2172019	11.63	14.59	6345	257326	8.76	12.46
2003	149588	2254721	11.92	14.63	8248	270921	9.02	12.51
2004	151328	2561959	11.93	14.76	9005	301202	9.11	12.62
2005	171619	2560567	12.05	14.76	10100	383153	9.22	12.86
2006	223860	2797839	12.32	14.84	11238	382756	9.33	12.86
2007	301632	3128687	12.62	14.96	14954	450331	9.61	13.02
2008	352406	3435230	12.77	15.05	17747	450147	9.78	13.02
2009	501786	3183687	13.13	15.07	22921	529985	10.04	13.18
2010	740620	3542244	13.52	15.08	33511	529811	10.42	13.18
2011	883861	4017578	13.69	15.21	40888	605980	10.62	13.31
2012	1163226	4616375	13.97	15.35	50511	651003	10.83	13.39
2013	1228413	5018000	14.02	15.43	62671	681346	11.05	13.43
2014	1209402	5351000	14.01	15.49	74661	726792	11.22	13.50
2015	1596977	5483000	14.12	15.52	94031	747461	11.45	13.52
2016	1446115	5505431	14.57	15.61	97285	790826	11.59	13.70
2017	1552829	5758656	14.79	15.68	107878	829606	11.79	13.79

附录三

人力资本积累、企业创新及其协同效应对产出影响的原始数据

地区	年份	Gdp	inv	edu1	edu2	rad	heac	edu1r	edu2r
北京市	1998	2375.97	1124.62	7.85	33.46	4.11	20.41	32.26	137.53
	1999	2677.59	1171.16	9.35	39.87	4.91	22.77	45.92	195.77
	2000	3161.66	1280.46	11.41	48.66	6.21	28.53	70.88	302.16
	2001	3707.96	1513.32	13.73	58.53	7.27	33.08	99.81	425.49
	2002	4315.00	1796.14	16.31	69.51	8.78	37.93	143.16	610.32
	2003	5007.21	2169.26	18.78	80.05	10.76	49.64	202.03	861.29
	2004	6033.21	2528.21	23.06	98.32	13.26	54.07	305.83	1303.78
	2005	6969.52	2827.23	27.72	118.16	15.74	65.62	436.25	1859.78
	2006	8117.78	3296.38	33.28	141.89	19.32	87.06	643.03	2741.36
	2007	9846.81	3907.20	49.97	213.03	90.74	118.95	4534.35	19330.64
	2008	11115.00	3814.73	60.10	256.20	112.19	145.05	6742.19	28743.02
	2009	12153.03	4616.92	69.48	296.19	126.31	166.63	8775.62	37411.86
	2010	14113.58	5402.95	85.54	364.67	178.92	186.82	15304.99	65247.57
	2011	16251.93	5578.93	98.82	421.26	183.07	225.49	18090.10	77120.95
	2012	17879.40	6112.37	119.44	509.21	199.94	256.06	23881.57	101810.91
	2013	19800.81	6847.06	129.42	551.75	234.67	276.13	30371.87	129480.06
	2014	21330.83	6924.23	140.99	601.06	282.71	322.29	39859.36	169926.75
	2015	22968.60	7560.54	153.88	656.00	301.74	337.70	38204.57	162872.11
	2016	24899.26	7621.24	144.79	617.25	276.39	321.90	32332.61	137839.00
	2017	28000.40	8023.05	153.78	655.57	294.95	341.55	34638.12	147667.78
天津市	1998	1374.60	571.05	4.13	17.61	1.07	7.98	4.42	18.84
	1999	1500.95	576.45	4.81	20.52	1.15	8.22	5.53	23.59
	2000	1701.88	610.94	5.87	25.01	1.33	8.69	7.80	33.26
	2001	1919.09	705.00	6.89	29.37	1.42	10.01	9.78	41.70
	2002	2150.76	807.51	7.90	33.67	1.56	11.71	12.32	52.53
	2003	2578.03	1039.39	9.04	38.54	1.94	15.31	17.54	74.77
	2004	3110.97	1245.66	10.53	44.87	2.29	18.34	24.10	102.76
	2005	3905.64	1495.14	12.77	54.43	2.80	18.98	35.75	152.42
	2006	4462.74	1820.52	15.50	66.08	3.31	23.78	51.31	218.73
	2007	5252.76	2353.15	20.90	89.12	22.34	33.10	467.01	1990.94
	2008	6719.01	3389.79	26.92	114.78	28.65	41.92	771.34	3288.33
	2009	7521.85	4738.20	32.99	140.62	34.00	54.22	1121.50	4781.11

续表

地区	年份	Gdp	inv	edu1	edu2	rad	heac	edu1r	edu2r
天津市	2010	9224.46	6278.09	43.62	185.95	43.25	70.07	1886.45	8042.23
	2011	11307.28	7067.67	57.44	244.88	60.17	90.53	3456.21	14734.38
	2012	12893.88	7934.78	71.96	306.79	76.45	105.91	5501.52	23453.85
	2013	14442.01	9130.25	87.66	373.70	92.81	128.94	8135.52	34683.03
	2014	15726.93	10518.19	98.23	418.78	109.00	161.33	10707.20	45646.49
	2015	16538.19	11234.49	101.19	431.39	112.50	157.64	10018.47	48131.33
	2016	17885.39	10221.90	90.02	383.79	97.80	140.07	7728.87	34154.07
	2017	18595.38	10879.66	95.88	408.77	104.61	149.16	8295.46	36664.62
河北省	1998	4256.01	1591.76	10.35	44.11	1.95	15.49	20.18	86.01
	1999	4514.19	1770.47	11.93	50.88	1.83	16.74	21.84	93.11
	2000	5043.96	1816.79	13.99	59.66	2.08	17.46	29.11	124.09
	2001	5516.76	1912.53	17.02	72.55	2.36	21.66	40.16	171.21
	2002	6018.28	2020.38	20.90	89.12	2.48	24.64	51.84	221.01
	2003	6921.29	2477.98	22.62	96.45	2.69	34.83	60.86	259.44
	2004	8477.63	3218.76	27.05	115.31	2.99	35.14	80.87	344.76
	2005	10012.11	4139.69	32.40	138.14	3.52	45.09	114.06	486.24
	2006	11467.60	5470.24	36.01	153.54	3.98	50.20	143.34	611.08
	2007	13607.32	6884.68	53.84	229.55	17.40	78.11	936.90	3994.15
	2008	16011.97	8866.56	71.63	305.36	21.67	120.24	1552.15	6617.05
	2009	17235.48	12269.80	83.47	355.86	26.43	174.68	2206.21	9405.41
	2010	20394.26	15083.35	97.72	416.58	29.65	235.48	2897.29	12351.61
	2011	24515.76	16389.33	123.90	528.21	33.22	302.75	4115.99	17547.11
	2012	26575.01	19661.28	164.45	701.09	44.74	323.17	7357.60	31366.62
	2013	28442.95	23194.23	159.15	678.48	49.76	380.75	7919.27	33761.10
	2014	29421.15	26671.92	165.09	703.79	51.32	446.79	8472.18	36118.26
	2015	29806.11	27127.25	187.63	799.90	57.98	460.27	8846.36	28671.40
	2016	31827.86	25317.54	176.98	754.50	53.42	418.46	7708.56	30853.46
	2017	35629.58	27611.21	192.19	819.33	58.57	458.90	8544.48	34147.90
山西省	1998	1611.08	454.93	5.45	23.24	1.25	8.40	6.82	29.06
	1999	1667.10	477.57	6.19	26.37	1.04	9.92	6.43	27.42
	2000	1845.72	548.16	7.25	30.91	1.08	10.45	7.83	33.38
	2001	2029.53	663.58	9.57	40.81	1.24	13.41	11.87	50.60
	2002	2324.80	813.36	11.15	47.53	1.37	15.08	15.27	65.11
	2003	2855.23	1100.86	12.81	54.61	1.59	20.33	20.37	86.82
	2004	3571.37	1443.88	15.25	65.02	1.89	2.24	28.82	122.88
	2005	4230.53	1826.58	19.40	82.69	2.09	28.17	40.54	172.83
	2006	4878.61	2255.74	22.97	97.91	2.49	35.46	57.18	243.78
	2007	6024.45	2861.46	34.43	146.79	15.80	52.10	544.02	2319.23
	2008	7315.40	3531.16	44.65	190.34	17.64	71.50	787.58	3357.59
	2009	7358.31	4943.16	52.83	225.23	17.61	101.73	930.38	3966.35

续表

地区	年份	Gdp	inv	edu1	edu2	rad	heac	edu1r	edu2r
山西省	2010	9200.86	6063.17	62.43	266.15	20.12	113.86	1256.11	5355.01
	2011	11237.55	7073.06	80.14	341.65	27.17	159.62	2177.41	9282.63
	2012	12112.83	8863.26	106.02	452.00	33.32	180.34	3532.75	15060.67
	2013	12665.25	11031.89	103.06	439.38	62.06	201.63	6396.17	27267.87
	2014	12761.49	12354.53	96.38	410.90	54.26	243.94	5229.76	22295.29
	2015	12802.58	12678.38	119.82	510.81	58.76	252.93	5779.01	24636.85
	2016	12928.34	11512.82	112.12	477.98	51.37	227.53	4761.06	20297.13
	2017	14973.50	12262.80	119.18	508.10	54.90	242.59	5105.33	21764.82
内蒙古自治区	1998	1262.54	316.76	4.60	19.62	1.09	7.71	5.02	21.38
	1999	1379.31	348.22	5.23	22.29	1.07	8.33	5.59	23.85
	2000	1539.12	423.64	5.65	24.10	1.20	9.11	6.78	28.92
	2001	1713.81	503.63	7.55	32.19	1.40	11.22	10.57	45.06
	2002	1940.94	707.91	9.17	39.11	1.50	12.42	13.76	58.67
	2003	2388.38	1174.66	10.33	44.03	1.66	17.09	17.17	73.08
	2004	3041.07	1787.95	12.58	53.64	1.75	17.47	22.02	93.87
	2005	3905.03	2643.60	14.95	63.72	1.90	20.88	28.40	121.06
	2006	4944.25	3363.21	18.06	76.98	2.14	28.25	38.64	164.73
	2007	6423.18	4372.88	29.18	124.39	9.22	43.87	269.02	1146.87
	2008	8496.20	5475.41	39.22	167.19	15.36	59.82	602.36	2567.97
	2009	9740.25	7336.79	46.26	197.22	18.07	102.94	835.94	3563.74
	2010	11672.00	8926.46	61.20	260.91	21.39	120.72	1309.08	5580.80
	2011	14359.88	10365.17	74.23	316.46	28.21	164.59	2094.06	8927.31
	2012	15880.58	11875.74	83.59	356.37	27.61	177.91	2308.03	9839.51
	2013	16916.50	14217.38	86.81	370.06	31.64	196.03	2746.52	11708.83
	2014	17770.19	17591.83	90.78	386.99	32.87	227.78	2983.83	12720.53
	2015	18032.79	18406.93	106.29	453.11	39.48	248.91	3344.83	14259.54
	2016	18632.57	16386.69	98.98	421.97	35.95	222.24	2847.35	12138.69
	2017	19377.87	17469.27	105.27	448.80	38.35	237.01	3049.75	13001.56
辽宁省	1998	3881.70	1057.70	9.30	39.64	3.39	15.37	31.52	134.38
	1999	4171.70	1119.47	10.56	45.02	3.09	15.16	32.63	139.12
	2000	4669.06	1267.68	12.52	53.39	3.26	17.13	40.82	174.04
	2001	5033.08	1421.19	14.25	60.75	3.30	17.59	47.02	200.46
	2002	5458.22	1605.55	16.61	70.82	3.53	19.72	58.64	249.99
	2003	6002.54	2076.36	18.68	79.66	3.75	25.16	70.07	298.71
	2004	6672.00	2979.59	22.99	98.01	3.99	25.49	91.73	391.07
	2005	8047.26	4200.45	27.02	115.18	4.61	34.35	124.55	530.97
	2006	9304.52	5689.64	31.71	135.18	5.40	43.73	171.23	729.97
	2007	11164.30	7435.23	47.91	204.23	38.69	66.60	1853.45	7901.53
	2008	13668.58	10019.07	58.21	248.15	49.02	83.90	2853.38	12164.39
	2009	15212.49	12292.49	65.88	280.85	57.49	163.32	3787.37	16146.16

续表

地区	年份	Gdp	inv	edu1	edu2	rad	heac	edu1r	edu2r
辽宁省	2010	18457.27	16043.03	77.02	328.36	68.90	151.36	5306.90	22624.16
	2011	22226.70	17726.29	103.38	440.71	87.20	182.07	9014.48	38430.16
	2012	24846.43	21836.28	138.47	590.32	101.24	200.19	14018.66	59763.76
	2013	27213.22	25107.66	127.20	542.28	118.99	229.50	15135.57	64525.31
	2014	28626.58	24730.80	114.85	489.64	108.82	273.61	12498.41	53282.69
	2015	28700.00	28493.99	147.78	630.01	136.43	289.67	16374.53	69807.22
	2016	27982.50	26594.17	139.29	593.80	123.65	264.90	13943.53	59443.48
	2017	26863.20	28311.09	147.84	630.27	131.98	281.95	14934.60	63668.56
吉林省	1998	1577.05	431.78	5.29	22.53	1.62	8.39	8.56	36.51
	1999	1672.96	500.02	6.26	26.71	1.73	9.10	10.84	46.20
	2000	1951.51	603.51	6.80	29.01	1.75	9.38	11.91	50.76
	2001	2120.35	701.70	8.41	35.86	2.07	11.07	17.41	74.23
	2002	2348.54	834.23	9.50	40.50	2.33	12.74	22.14	94.38
	2003	2662.08	969.03	10.20	43.49	2.04	16.14	20.81	88.72
	2004	3122.01	1169.10	11.54	49.20	2.29	17.02	26.43	112.67
	2005	3620.27	1741.09	14.09	60.06	2.71	20.70	38.18	162.76
	2006	4275.12	2594.34	17.34	73.93	3.25	26.92	56.36	240.28
	2007	5284.69	3651.36	27.44	116.98	11.09	42.31	304.30	1297.27
	2008	6426.10	5038.92	35.73	152.31	13.41	59.52	479.09	2042.45
	2009	7278.75	6411.60	41.23	175.76	18.98	107.34	782.51	3335.96
	2010	8667.58	7870.38	47.54	202.66	19.12	110.91	908.94	3874.94
	2011	10568.83	7441.71	60.77	259.05	21.18	143.87	1287.02	5486.77
	2012	11939.24	9511.54	85.70	365.35	24.96	160.36	2139.08	9119.22
	2013	13046.40	9979.26	80.20	341.90	37.22	181.51	2984.97	12725.39
	2014	13803.14	11339.62	77.35	329.75	36.45	206.44	2819.40	12019.55
	2015	14274.11	12426.29	94.81	404.18	39.98	226.01	3088.50	13166.74
	2016	14886.23	11782.23	87.91	374.76	35.99	203.22	2592.78	11053.44
	2017	15288.94	12535.83	93.42	398.24	38.36	216.60	2777.95	11842.84
黑龙江省	1998	2774.40	770.05	6.91	29.47	2.48	11.88	17.15	73.09
	1999	2866.30	751.66	8.21	34.99	2.54	13.33	20.85	88.87
	2000	3151.40	832.64	9.31	39.67	2.73	13.61	25.41	108.31
	2001	3390.10	963.58	12.34	52.62	3.46	16.25	42.71	182.07
	2002	3637.20	1046.17	14.48	61.74	2.77	17.35	40.12	171.02
	2003	4057.40	1166.18	15.41	65.69	3.50	23.06	53.93	229.91
	2004	4750.60	1430.82	17.44	74.36	3.56	23.58	62.10	264.72
	2005	5513.70	1737.27	20.25	86.32	3.36	28.01	68.04	290.05
	2006	6211.80	2236.00	25.40	108.30	3.85	36.38	97.81	416.96
	2007	7104.00	2833.50	37.95	161.80	17.47	57.54	663.04	2826.64
	2008	8314.37	3655.97	48.76	207.86	20.09	71.70	979.54	4175.95
	2009	8587.00	5028.83	50.66	215.95	19.96	135.50	1011.09	4310.43

续表

地区	年份	Gdp	inv	edu1	edu2	rad	heac	edu1r	edu2r
黑龙江省	2010	10368.60	6812.56	56.84	242.31	27.69	135.18	1573.83	6709.48
	2011	12582.00	7475.38	71.03	302.80	33.23	170.78	2360.25	10062.12
	2012	13691.58	9694.75	103.51	441.28	37.64	173.33	3896.10	16609.71
	2013	14454.91	11453.08	95.24	406.04	38.61	190.50	3677.33	15677.04
	2014	15039.38	11898.99	96.13	409.81	39.46	235.31	3793.21	16171.04
	2015	15638.67	12238.74	113.00	481.72	48.01	250.77	4460.47	19015.69
	2016	16386.01	11596.40	106.42	453.68	44.30	229.27	3833.26	16341.81
	2017	16199.90	12337.39	112.93	481.42	47.15	244.02	4103.18	17492.51
上海市	1998	3801.09	1966.38	12.82	54.64	5.48	26.99	70.24	299.44
	1999	4188.73	1855.76	14.26	60.78	6.18	29.61	88.10	375.59
	2000	4771.17	1869.38	15.98	68.12	7.32	32.58	116.97	498.66
	2001	5210.12	2004.64	18.95	80.79	8.47	34.57	160.51	684.28
	2002	5741.03	2213.72	22.05	94.01	9.61	30.45	211.92	903.47
	2003	6694.23	2499.14	24.96	106.41	11.34	36.44	283.05	1206.71
	2004	8072.83	3050.26	29.52	125.83	13.51	45.02	398.77	1700.01
	2005	9247.66	3509.66	34.76	148.18	15.92	52.15	553.36	2359.07
	2006	10572.24	3900.04	39.04	166.42	20.27	61.50	791.29	3373.39
	2007	12494.01	4420.37	53.83	229.50	105.77	88.83	5693.96	24274.23
	2008	14069.87	4823.15	61.95	264.11	120.27	122.28	7450.96	31764.61
	2009	15046.45	5043.75	65.92	281.03	215.31	132.85	14193.42	60508.78
	2010	17165.98	5108.90	79.28	337.99	202.03	160.07	16017.49	68285.08
	2011	19195.69	4962.07	104.36	444.88	218.50	190.03	22801.70	97207.24
	2012	20181.72	5117.62	123.30	525.65	245.43	197.34	30261.73	129010.51
	2013	21818.15	5647.79	129.11	550.43	257.66	214.92	33267.24	141823.50
	2014	23567.70	6016.43	132.17	563.46	262.29	264.75	34666.63	147789.32
	2015	24964.99	6147.09	148.88	634.68	328.30	273.82	40071.98	170833.20
	2016	27466.15	6586.54	141.14	601.69	308.34	256.50	34728.97	148055.08
	2017	30133.86	6869.59	149.50	637.33	328.78	271.84	37173.54	158476.69
江苏省	1998	7199.95	2450.37	17.05	72.68	4.01	26.89	68.37	291.45
	1999	7697.82	2441.88	19.47	82.99	4.45	29.59	86.63	369.31
	2000	8553.69	2569.97	22.31	95.11	4.63	32.57	103.30	440.37
	2001	9456.84	2823.20	27.48	117.13	5.06	37.40	139.03	592.69
	2002	10606.85	3450.12	30.86	131.55	5.10	41.89	157.37	670.90
	2003	12442.87	5233.00	34.02	145.05	5.52	55.57	187.82	800.69
	2004	15003.60	6557.05	40.73	173.64	6.46	62.39	263.12	1121.72
	2005	18598.69	8165.38	49.07	209.17	7.95	75.06	390.07	1662.94
	2006	21742.05	10069.22	56.66	241.56	10.60	89.52	600.63	2560.56
	2007	26018.48	12268.06	93.65	399.25	68.73	115.29	6436.60	27440.23
	2008	30981.98	15300.55	112.59	480.01	91.52	148.61	10304.66	43930.39
	2009	34457.30	18949.87	129.32	551.31	117.02	198.21	15132.96	64514.22

续表

地区	年份	Gdp	inv	edu1	edu2	rad	heac	edu1r	edu2r
江苏省	2010	41425.48	23184.28	164.42	700.94	150.35	249.69	24720.35	105386.75
	2011	49110.27	26692.62	207.71	885.51	213.40	349.86	44325.70	188967.45
	2012	54058.22	30854.24	256.62	1093.99	257.24	418.14	66011.71	281418.35
	2013	59753.37	36373.32	272.65	1162.34	302.59	475.86	82500.38	351712.13
	2014	65088.32	41938.62	285.92	1218.93	327.10	560.93	93525.24	398712.86
	2015	70116.38	43027.26	322.16	1373.41	363.24	576.34	95096.19	405410.08
	2016	76086.17	40265.67	296.82	1265.38	317.31	513.72	78290.22	333763.58
	2017	81564.37	42794.51	315.53	1345.16	339.34	547.07	83957.91	357925.81
浙江省	1998	5052.62	1801.74	10.22	43.57	2.99	20.55	30.56	130.27
	1999	5443.92	1958.05	12.12	51.67	3.39	23.79	41.09	175.18
	2000	6141.03	2349.95	14.86	63.34	3.94	27.24	58.54	249.55
	2001	6898.34	2834.94	20.58	87.72	5.12	32.76	105.35	449.13
	2002	8003.67	3477.47	26.02	110.92	6.12	37.23	159.23	678.83
	2003	9705.02	4740.27	31.20	133.01	7.17	45.38	223.70	953.67
	2004	11648.70	5781.35	38.02	162.06	9.15	52.77	347.84	1482.89
	2005	13417.68	6520.07	43.99	187.55	10.57	64.88	465.02	1982.45
	2006	15718.47	7590.22	51.12	217.92	12.81	83.53	654.82	2791.60
	2007	18753.73	8420.43	72.94	310.95	71.54	112.28	5218.04	22245.35
	2008	21462.69	9323.00	86.26	367.73	86.79	142.87	7486.34	31915.47
	2009	22990.35	10742.32	98.67	420.66	99.30	177.05	9798.20	41771.29
	2010	27722.31	12376.04	115.24	491.30	121.40	224.53	13990.52	59643.81
	2011	32318.85	14185.28	142.77	608.65	143.90	278.98	20544.57	87584.76
	2012	34665.33	17649.36	166.79	711.07	165.98	305.91	27684.45	118023.17
	2013	37756.58	20782.11	180.51	769.55	191.87	350.73	34634.90	147654.07
	2014	40173.03	24262.77	195.89	835.10	207.99	433.80	40742.58	173692.04
	2015	42886.49	25641.87	213.02	908.16	234.41	437.94	41323.87	176170.17
	2016	46484.98	23027.18	202.66	863.98	214.10	401.30	35012.82	149265.17
	2017	50110.81	24395.90	215.11	917.03	228.55	426.86	37508.26	159903.65
安徽省	1998	2542.96	722.61	7.45	31.78	1.27	10.42	9.47	40.36
	1999	2712.34	703.45	8.80	37.53	1.45	11.41	12.77	54.42
	2000	2902.09	803.97	10.26	43.73	1.39	11.71	14.26	60.79
	2001	3246.71	893.37	12.67	54.01	1.61	12.78	20.40	86.96
	2002	3519.72	1074.46	14.61	62.30	1.73	14.30	25.28	107.78
	2003	3923.11	1418.69	16.07	68.49	1.82	17.08	29.24	124.65
	2004	4759.30	1935.25	20.06	85.51	2.22	22.12	44.53	189.82
	2005	5350.17	2525.11	22.31	95.12	2.57	25.02	57.34	244.46
	2006	6112.50	3533.56	28.90	123.19	3.34	34.76	96.51	411.45
	2007	7360.92	5087.53	40.46	172.50	15.96	65.41	645.80	2753.15
	2008	8851.66	6746.96	54.39	231.87	23.78	103.84	1293.36	5513.80
	2009	10062.82	8990.73	61.52	262.27	36.47	165.74	2243.65	9565.02

续表

地区	年份	Gdp	inv	edu1	edu2	rad	heac	edu1r	edu2r
安徽省	2010	12359.33	11542.94	73.40	312.91	57.98	184.22	4255.64	18142.45
	2011	15300.65	12455.69	107.29	457.42	77.03	277.23	8264.93	35234.69
	2012	17212.05	15425.83	136.41	581.53	96.00	319.39	13095.15	55826.68
	2013	19229.34	18621.90	139.95	596.64	109.67	361.80	15348.51	65433.12
	2014	20848.75	21875.58	141.18	601.88	129.59	425.00	18295.88	77998.24
	2015	22005.60	22385.33	163.83	698.45	137.54	452.83	18229.15	77713.75
	2016	24117.87	20343.26	149.47	637.22	117.43	396.30	14810.86	63141.02
	2017	27518.70	21684.99	159.01	677.88	125.69	423.30	15890.47	67743.57
福建省	1998	3159.91	1053.01	8.73	37.21	2.36	13.12	20.60	87.80
	1999	3414.19	1084.66	10.02	42.70	2.74	14.57	27.44	117.00
	2000	3764.54	1112.20	11.77	50.19	3.12	16.14	36.73	156.60
	2001	4072.85	1172.91	13.76	58.68	3.07	16.94	42.25	180.14
	2002	4467.55	1253.08	15.44	65.81	3.76	18.40	58.05	247.46
	2003	4983.67	1496.37	17.66	75.30	4.25	20.72	75.07	320.04
	2004	5763.35	1892.92	19.17	81.73	4.38	23.33	83.97	357.96
	2005	6554.69	2316.72	21.19	90.32	4.68	25.93	99.16	422.72
	2006	7583.85	2981.82	25.89	110.36	5.23	34.07	135.39	577.17
	2007	9248.53	4287.75	34.89	148.76	21.27	51.99	742.20	3164.14
	2008	10823.01	5207.68	44.33	188.97	25.63	74.27	1136.06	4843.22
	2009	12236.53	6231.20	52.74	224.82	27.89	93.39	1470.78	6270.17
	2010	14737.12	8199.12	62.28	265.49	32.31	117.58	2012.14	8578.05
	2011	17560.18	9910.89	77.28	329.45	40.48	159.30	3128.24	13336.19
	2012	19701.78	12439.94	106.84	455.46	48.47	185.99	5178.40	22076.32
	2013	21868.49	15327.44	109.23	465.68	60.62	224.23	6621.71	28229.41
	2014	24055.76	18177.86	120.57	514.02	67.40	292.14	8126.67	34645.27
	2015	25979.82	19548.28	130.39	555.87	71.30	281.77	7743.43	33011.47
	2016	28519.15	16473.81	118.94	507.04	64.15	246.89	6420.64	27372.20
	2017	32298.81	17543.01	126.30	538.42	68.39	263.15	6881.65	29337.58
江西省	1998	1719.87	400.60	5.29	22.56	0.93	9.15	4.92	20.98
	1999	1853.65	454.44	6.10	26.00	1.05	9.66	6.40	27.30
	2000	2003.07	516.08	7.25	30.90	1.19	10.32	8.62	36.77
	2001	2175.68	631.84	9.20	39.23	1.49	11.76	13.71	58.45
	2002	2450.48	889.04	11.25	47.96	1.62	12.81	18.23	77.70
	2003	2807.41	1303.22	12.25	52.22	1.85	15.06	22.66	96.60
	2004	3456.70	1713.20	14.01	59.71	2.00	17.59	28.01	119.41
	2005	4056.76	2176.60	16.71	71.22	2.21	21.84	36.92	157.40
	2006	4820.53	2683.57	19.71	84.05	2.66	28.82	52.44	223.56
	2007	5800.25	3301.94	33.02	140.78	8.74	58.07	288.62	1230.45
	2008	6971.05	4745.43	39.30	167.55	11.14	76.92	437.84	1866.56
	2009	7655.18	6643.14	47.87	204.06	13.40	120.55	641.41	2734.43

续表

地区	年份	Gdp	inv	edu1	edu2	rad	heac	edu1r	edu2r
江西省	2010	9451.26	8772.27	56.52	240.97	18.26	150.02	1032.13	4400.15
	2011	11702.82	9087.60	90.14	384.29	21.32	196.32	1921.82	8193.03
	2012	12948.88	10774.16	118.19	503.87	27.50	219.15	3250.26	13856.37
	2013	14410.19	12850.25	126.26	538.27	46.32	262.14	5848.40	24932.64
	2014	15714.63	15079.26	135.23	576.49	58.37	338.45	7893.15	33649.74
	2015	16723.78	15605.00	148.28	632.14	52.33	336.42	6504.59	27730.08
	2016	18364.41	14333.58	132.01	562.77	44.43	295.05	5173.95	22057.38
	2017	20818.50	15271.46	140.66	599.65	47.52	315.02	5554.78	23680.90
山东省	1998	7021.35	1935.58	16.84	71.78	3.57	25.30	60.11	256.26
	1999	7493.84	2220.57	19.00	80.99	3.55	25.86	67.44	287.52
	2000	8337.47	2531.10	22.44	95.66	3.85	28.26	86.39	368.31
	2001	9195.04	2788.68	26.17	111.58	4.54	30.66	118.83	506.57
	2002	10275.50	3483.31	30.93	131.85	5.31	33.57	164.22	700.12
	2003	12078.15	5315.14	34.04	145.11	5.84	39.61	198.78	847.44
	2004	15021.84	6970.62	38.92	165.91	6.60	45.22	256.85	1095.01
	2005	18366.87	9307.30	47.26	201.49	7.65	54.41	361.56	1541.37
	2006	21900.19	11111.42	55.53	236.75	9.05	73.32	502.58	2142.59
	2007	25776.91	12537.70	86.14	367.22	46.41	99.65	3997.66	17042.66
	2008	30933.28	15435.93	104.69	446.30	57.13	140.42	5980.86	25497.36
	2009	33896.65	19034.53	116.56	496.92	62.88	189.24	7329.44	31246.58
	2010	39169.92	23280.52	146.38	624.06	84.36	250.77	12349.04	52645.89
	2011	45361.85	26749.68	199.10	848.80	108.62	360.36	21626.35	92196.55
	2012	50013.24	31255.98	249.24	1062.56	124.98	422.91	31150.29	132798.59
	2013	55230.32	36789.07	265.94	1133.73	149.14	485.86	39661.93	169085.08
	2014	59426.59	42495.55	277.60	1183.45	147.06	605.67	40823.73	174038.03
	2015	63002.16	43140.31	310.66	1324.39	173.20	607.82	43911.49	187201.60
	2016	67008.19	40763.62	284.18	1211.51	155.73	531.64	36557.93	155852.23
	2017	72678.18	43321.29	302.12	1287.99	166.25	567.03	39185.97	167055.99
河南省	1998	4308.24	1289.70	11.00	46.89	2.00	14.47	22.00	93.78
	1999	4517.94	1206.83	12.85	54.78	2.17	15.55	27.88	118.87
	2000	5052.99	1377.74	14.69	62.64	2.34	17.30	34.38	146.58
	2001	5533.01	1544.06	18.24	77.76	2.45	19.43	44.69	190.52
	2002	6035.48	1725.93	23.43	99.89	2.91	21.92	68.18	290.68
	2003	6867.70	2262.97	24.92	106.24	3.03	30.19	75.51	321.90
	2004	8553.79	3099.38	29.13	124.16	3.47	33.74	101.06	430.85
	2005	10587.42	4311.63	35.59	151.73	4.29	41.81	152.69	650.92
	2006	12362.79	5904.71	44.30	188.85	5.55	61.42	245.86	1048.12
	2007	15012.46	8010.11	69.56	296.56	25.23	98.78	1755.08	7482.20
	2008	18018.53	10490.64	84.37	359.66	30.44	145.47	2568.07	10948.09
	2009	19480.46	13704.50	99.97	426.17	35.52	223.15	3550.78	15137.55

续表

地区	年份	Gdp	inv	edu1	edu2	rad	heac	edu1r	edu2r
河南省	2010	23092.36	16585.86	115.78	493.59	44.67	270.21	5171.90	22048.64
	2011	26931.03	17768.95	162.86	694.28	56.59	361.48	9216.05	39289.50
	2012	29599.31	21450.00	210.24	896.27	69.64	425.99	14640.89	62416.42
	2013	32191.30	26087.46	222.59	948.93	80.00	492.48	17807.11	75914.52
	2014	34938.24	30782.17	228.26	973.12	81.25	602.95	18546.28	79065.70
	2015	37010.25	31223.93	258.58	1102.35	94.10	619.00	19847.64	84613.64
	2016	40160.01	28801.01	236.41	1007.85	84.56	544.86	16494.01	70316.59
	2017	44988.16	30669.97	251.55	1072.40	90.27	581.78	17681.24	75377.94
湖北省	1998	3114.02	1156.76	8.22	35.06	1.27	15.86	10.45	44.53
	1999	3229.29	1239.14	9.58	40.84	1.41	17.73	13.51	57.59
	2000	3545.39	1339.20	10.96	46.70	1.54	17.46	16.87	71.92
	2001	3880.53	1486.55	13.39	57.07	1.69	21.50	22.62	96.45
	2002	4212.82	1605.06	15.83	67.49	1.85	22.36	29.29	124.86
	2003	4757.45	1809.45	16.92	72.15	2.18	24.25	36.89	157.28
	2004	5633.24	2264.81	19.86	84.65	2.12	26.37	42.10	179.46
	2005	6590.19	2676.58	22.58	96.27	2.58	31.16	58.26	248.36
	2006	7617.47	3343.47	27.64	117.83	2.92	44.97	80.71	344.07
	2007	9333.40	4330.36	41.27	175.93	18.76	66.11	774.18	3300.47
	2008	11328.92	5647.01	54.00	230.20	23.06	95.08	1245.17	5308.35
	2009	12961.10	7866.89	60.29	257.01	25.33	139.24	1527.03	6509.96
	2010	15967.61	10262.70	69.65	296.92	30.09	179.13	2095.70	8934.30
	2011	19632.26	12557.34	92.75	395.41	44.19	247.30	4098.64	17473.15
	2012	22250.45	15578.29	139.15	593.22	54.39	267.99	7568.35	32265.06
	2013	24791.83	19307.33	131.22	559.41	77.21	322.08	10131.42	43191.85
	2014	27379.22	22915.30	146.94	626.41	134.46	401.32	19757.12	84227.71
	2015	29550.19	24876.60	160.52	684.34	106.41	405.34	14425.15	61496.67
	2016	32297.91	20661.27	145.74	621.30	89.49	355.12	11464.38	48874.47
	2017	36522.95	22015.89	154.99	660.76	95.80	378.79	12308.98	52475.11
湖南省	1998	3025.53	796.89	7.47	31.85	1.59	10.82	11.88	50.65
	1999	3214.54	883.94	8.46	36.08	1.65	11.69	13.96	59.53
	2000	3551.49	1012.24	9.67	41.22	1.75	11.88	16.92	72.13
	2001	3831.90	1174.30	12.37	52.73	2.26	13.51	27.95	119.16
	2002	4151.54	1347.96	15.77	67.21	2.34	14.71	36.89	157.28
	2003	4659.99	1590.32	17.11	72.95	2.23	16.83	38.16	162.67
	2004	5641.94	2072.56	19.82	84.51	2.41	19.74	47.77	203.66
	2005	6596.10	2629.07	23.37	99.63	2.61	24.45	61.00	260.04
	2006	7688.67	3175.52	27.03	115.23	3.05	34.62	82.44	351.46
	2007	9439.60	4154.76	43.42	185.10	20.49	59.20	889.65	3792.73
	2008	11555.00	5534.04	59.14	252.12	26.59	87.60	1572.52	6703.89
	2009	13059.69	7703.38	67.94	289.64	29.62	159.20	2012.38	8579.09

续表

地区	年份	Gdp	inv	edu1	edu2	rad	heac	edu1r	edu2r
湖南省	2010	16037.96	9663.58	76.59	326.51	35.04	180.44	2683.67	11440.89
	2011	19669.56	11880.92	102.76	438.07	41.96	256.76	4311.71	18381.51
	2012	22154.23	14523.24	153.44	654.14	48.19	294.17	7394.25	31522.86
	2013	24621.67	17841.40	153.80	655.66	55.46	342.47	8529.54	36362.78
	2014	27037.32	21242.92	158.32	674.95	59.38	422.40	9401.16	40078.64
	2015	29047.20	22950.26	174.85	745.42	66.79	419.29	9391.38	40036.94
	2016	31244.68	19357.24	161.70	689.34	61.52	374.61	8115.11	34596.00
	2017	34590.56	20633.57	172.10	733.70	65.64	400.13	8697.27	37077.82
广东省	1998	8530.88	2644.13	20.73	88.38	9.84	39.29	203.99	869.64
	1999	9250.68	2937.02	22.99	98.03	9.60	40.97	220.75	941.07
	2000	10741.25	3145.13	27.50	117.24	10.96	47.73	301.42	1285.00
	2001	12039.25	3484.43	34.25	146.02	11.65	53.99	399.04	1701.17
	2002	13502.42	3850.78	44.29	188.83	14.06	64.42	622.76	2654.92
	2003	15844.64	4813.20	50.40	214.85	15.26	73.54	769.06	3278.62
	2004	18864.62	5870.02	54.71	233.24	15.77	72.91	862.79	3678.22
	2005	22557.37	6977.93	62.55	266.66	16.01	82.36	1001.42	4269.21
	2006	26587.76	7973.37	74.60	318.03	17.17	103.56	1280.86	5460.49
	2007	31777.01	9294.26	109.42	466.48	119.26	140.77	13049.50	55632.06
	2008	36796.71	10868.67	133.63	569.69	132.52	201.15	17708.93	75495.95
	2009	39482.56	12933.12	152.61	650.60	168.50	252.85	25714.60	109625.38
	2010	46013.06	15623.70	175.08	746.40	214.44	304.04	37544.61	160058.59
	2011	53210.28	17069.20	233.30	994.57	203.92	433.75	47573.58	202813.67
	2012	57067.92	18751.47	285.23	1215.98	246.71	505.14	70369.34	299995.59
	2013	62474.79	22308.39	331.47	1413.12	344.94	569.32	114337.89	487440.50
	2014	67809.85	26293.93	343.70	1465.27	274.33	777.55	94288.49	401966.74
	2015	72812.55	26698.43	374.46	1596.38	357.67	739.98	109587.12	467187.21
	2016	79512.05	25111.06	345.00	1470.78	328.41	651.50	92404.10	393933.26
	2017	89879.23	26575.75	366.51	1562.50	350.22	693.75	98997.30	422041.13
广西壮族自治区	1998	1911.30	562.32	6.58	28.06	1.63	10.03	10.73	45.73
	1999	1971.41	578.76	7.46	31.81	1.82	10.68	13.58	57.89
	2000	2080.04	583.34	8.50	36.22	2.13	11.64	18.10	77.14
	2001	2279.34	655.63	11.78	50.23	2.38	15.63	28.04	119.54
	2002	2523.73	750.33	13.71	58.46	3.15	17.86	43.19	184.13
	2003	2821.11	921.30	15.03	64.07	3.50	21.02	52.60	224.24
	2004	3433.49	1236.51	17.20	73.34	3.73	22.02	64.16	273.54
	2005	3984.10	1661.17	20.00	85.26	4.07	25.99	81.40	347.01
	2006	4746.15	2198.72	25.74	109.73	5.03	33.40	129.46	551.92
	2007	5823.41	2939.67	35.98	153.40	13.19	50.75	474.61	2023.36
	2008	7021.04	3756.41	47.73	203.49	16.21	78.77	773.74	3298.56
	2009	7759.16	5237.24	56.35	240.24	18.07	116.15	1018.31	4341.22

续表

地区	年份	Gdp	inv	edu1	edu2	rad	heac	edu1r	edu2r
广西壮族自治区	2010	9569.85	7057.56	69.70	297.14	21.66	165.49	1509.68	6435.99
	2011	11720.87	7990.66	86.81	370.08	28.25	232.88	2452.36	10454.79
	2012	13035.10	9808.61	111.96	477.28	42.81	253.17	4792.81	20432.49
	2013	14449.90	11907.67	115.89	494.04	54.36	285.61	6299.60	26856.21
	2014	15672.89	13843.22	125.50	535.03	59.92	355.33	7520.06	32059.18
	2015	16803.12	14189.05	139.27	593.71	60.88	368.20	7080.44	30185.03
	2016	18245.07	12748.14	127.84	545.02	53.08	321.39	5777.63	24630.97
	2017	20396.25	13587.84	135.95	579.57	56.66	343.09	6196.55	26416.87
海南省	1998	442.13	173.37	1.48	6.30	0.33	2.56	0.49	2.08
	1999	476.67	194.78	1.61	6.88	0.35	2.65	0.56	2.41
	2000	526.82	198.87	1.83	7.80	0.38	2.80	0.70	2.96
	2001	579.17	213.32	2.12	9.03	0.41	2.94	0.87	3.70
	2002	642.73	225.41	2.68	11.44	0.43	3.39	1.15	4.92
	2003	713.96	280.02	2.81	11.98	0.39	4.65	1.10	4.67
	2004	819.66	317.05	3.41	14.52	0.49	5.43	1.67	7.11
	2005	918.75	367.17	4.60	19.61	0.54	6.52	2.48	10.59
	2006	1065.67	423.89	5.29	22.56	0.67	7.61	3.55	15.11
	2007	1254.17	502.37	7.66	32.66	2.79	12.46	21.38	91.13
	2008	1503.06	705.42	10.57	45.06	4.50	18.64	47.57	202.78
	2009	1654.21	988.32	14.15	60.34	6.07	30.13	85.92	366.29
	2010	2064.50	1317.04	18.68	79.65	7.47	34.82	139.57	594.99
	2011	2522.66	1657.23	24.18	103.09	9.83	50.30	237.70	1013.36
	2012	2855.54	2145.38	30.17	128.62	12.06	59.86	363.85	1551.14
	2013	3177.56	2697.93	33.17	141.40	13.82	69.59	458.39	1954.20
	2014	3500.72	3112.23	33.43	142.52	13.53	88.46	452.33	1928.34
	2015	3702.76	3357.33	38.61	164.60	16.22	88.11	500.24	2132.59
	2016	4044.51	2776.42	34.74	148.08	14.30	76.63	412.07	1756.73
	2017	4462.54	2958.28	37.01	157.78	15.27	81.82	441.88	1883.82
重庆市	1998	1440.56	492.97	3.38	14.40	0.86	6.95	2.91	12.39
	1999	1491.99	525.26	3.87	16.50	0.66	7.18	2.55	10.89
	2000	1791.00	572.59	4.84	20.62	0.73	8.04	3.53	15.05
	2001	1976.86	697.03	6.31	26.90	0.83	8.73	5.24	22.32
	2002	2232.86	899.26	7.48	31.91	0.80	9.44	5.99	25.53
	2003	2555.72	1161.51	8.16	34.79	0.87	10.82	7.10	30.26
	2004	3034.58	1537.05	9.46	40.33	1.02	12.06	9.65	41.13
	2005	3467.72	1933.16	11.53	49.13	1.09	15.18	12.56	53.56
	2006	3907.23	2407.36	14.94	63.70	1.35	21.55	20.17	85.99
	2007	4676.13	3127.74	23.09	98.45	11.05	33.97	255.19	1087.90
	2008	5793.66	3979.59	29.16	124.33	15.13	51.64	441.25	1881.13
	2009	6530.01	5214.28	36.15	154.13	15.55	76.73	562.19	2396.69

续表

地区	年份	Gdp	inv	edu1	edu2	rad	heac	edu1r	edu2r
重庆市	2010	7925.58	6688.91	45.69	194.77	17.90	94.87	817.81	3486.44
	2011	10011.37	7473.38	60.55	258.15	25.04	143.70	1516.25	6464.00
	2012	11409.60	8736.17	89.58	381.90	29.84	167.43	2673.15	11396.04
	2013	12783.26	10435.24	83.08	354.20	38.65	198.05	3211.15	13689.65
	2014	14262.60	12285.42	89.30	380.68	38.16	246.34	3407.55	14526.92
	2015	15717.72	12540.24	102.08	435.17	43.40	247.53	3573.80	15235.66
	2016	17558.76	11551.92	92.06	392.45	38.59	214.15	2941.53	12540.21
	2017	19500.27	12295.94	98.07	418.09	41.23	228.73	3154.51	13448.17
四川省	1998	3474.09	1145.33	9.18	39.13	2.79	18.47	25.61	109.17
	1999	3649.12	1224.40	10.43	44.46	2.98	20.11	31.08	132.49
	2000	3928.20	1418.04	12.31	52.49	3.30	21.90	40.63	173.22
	2001	4293.49	1617.52	16.19	69.04	3.21	24.82	51.99	221.62
	2002	4725.01	1902.72	19.43	82.83	3.53	25.43	68.58	292.39
	2003	5333.09	2336.34	20.69	88.21	3.85	31.42	79.66	339.62
	2004	6379.63	2818.42	23.28	99.24	4.10	34.25	95.44	406.89
	2005	7385.10	3585.18	26.70	113.83	4.90	49.56	130.83	557.75
	2006	8690.24	4412.88	34.56	147.31	5.99	57.49	206.99	882.41
	2007	10562.39	5639.80	55.64	237.22	20.78	98.87	1156.27	4929.36
	2008	12601.23	7127.81	70.16	299.12	25.82	143.56	1811.62	7723.22
	2009	14151.28	11371.87	85.77	365.67	28.64	219.10	2456.57	10472.75
	2010	17185.48	13116.72	102.72	437.93	34.71	263.34	3565.56	15200.56
	2011	21026.68	14222.22	130.09	554.57	45.75	372.96	5951.41	25371.79
	2012	23872.80	17039.98	188.71	804.49	59.40	424.26	11209.27	47786.87
	2013	26392.07	20326.11	196.92	839.49	69.51	487.20	13687.71	58352.88
	2014	28536.66	23318.57	200.81	856.09	81.76	584.10	16418.39	69994.19
	2015	30103.10	24316.85	228.06	972.26	84.24	609.32	15817.68	67433.25
	2016	32680.50	22265.41	206.09	878.59	74.42	536.28	12962.00	55259.07
	2017	36980.20	23691.35	219.41	935.38	79.42	572.35	13900.66	59260.72
贵州省	1998	858.39	278.41	4.35	18.55	1.18	8.49	5.13	21.88
	1999	937.50	311.93	5.19	22.11	1.36	9.52	7.05	30.08
	2000	1029.92	396.98	6.04	25.74	1.54	11.06	9.30	39.64
	2001	1133.27	536.01	8.44	35.98	1.74	13.55	14.68	62.60
	2002	1243.43	632.97	10.36	44.15	1.91	15.41	19.78	84.33
	2003	1426.34	748.12	11.42	48.70	1.96	17.30	22.39	95.46
	2004	1677.80	865.23	14.02	59.75	2.64	19.55	37.00	157.75
	2005	2005.42	998.25	17.74	75.63	3.05	25.82	54.11	230.67
	2006	2338.98	1197.43	21.26	90.65	3.20	30.04	68.05	290.10
	2007	2884.11	1488.80	31.59	134.68	9.98	48.79	315.28	1344.10
	2008	3561.56	1864.45	43.66	186.11	12.99	67.44	567.09	2417.58
	2009	3912.68	2412.02	48.78	207.94	14.27	102.84	696.05	2967.36

续表

地区	年份	Gdp	inv	edu1	edu2	rad	heac	edu1r	edu2r
贵州省	2010	4602.16	3104.92	55.49	236.57	16.66	127.68	924.48	3941.19
	2011	5701.84	4235.92	71.60	305.26	21.68	173.26	1552.36	6617.96
	2012	6852.20	5717.80	95.10	405.41	28.98	201.05	2755.88	11748.77
	2013	8086.86	7373.60	106.53	454.14	34.27	228.71	3650.67	15563.40
	2014	9266.39	9025.75	121.04	515.99	44.34	303.25	5366.73	22879.20
	2015	10502.56	9296.81	125.76	536.15	42.69	297.26	4537.71	19344.97
	2016	11734.43	7621.06	114.77	489.30	37.61	260.78	3694.94	15752.11
	2017	13540.83	8128.04	122.19	520.90	40.14	278.28	3963.39	16896.56
云南省	1998	1831.33	660.43	9.49	40.44	3.20	18.14	30.36	129.42
	1999	1899.82	663.97	10.64	45.35	3.42	20.27	36.38	155.11
	2000	2011.19	683.96	11.84	50.47	3.38	22.38	40.02	170.59
	2001	2138.31	738.45	14.49	61.79	3.44	25.15	49.86	212.55
	2002	2312.82	814.61	16.35	69.70	4.26	28.77	69.65	296.92
	2003	2556.02	1000.12	17.70	75.47	4.26	32.75	75.41	321.50
	2004	3081.91	1291.54	21.25	90.58	4.36	36.19	92.63	394.92
	2005	3462.73	1777.63	23.23	99.05	4.44	44.81	103.16	439.77
	2006	3988.14	2208.60	28.58	121.82	4.77	57.12	136.30	581.08
	2007	4772.52	2759.03	36.20	154.34	13.06	77.11	472.80	2015.62
	2008	5692.12	3435.93	45.97	195.98	17.67	104.59	812.30	3462.97
	2009	6169.75	4526.37	58.55	249.63	18.99	151.29	1111.94	4740.39
	2010	7224.18	5528.71	71.21	303.58	21.43	183.70	1526.05	6505.79
	2011	8893.12	6191.00	91.77	391.23	28.30	236.98	2597.09	11071.81
	2012	10309.47	7831.13	128.22	546.60	32.67	266.94	4188.79	17857.46
	2013	11832.31	9968.30	130.34	555.64	42.59	300.57	5550.97	23664.67
	2014	12814.59	11498.53	128.24	546.70	43.15	352.41	5533.49	23590.13
	2015	13717.88	11764.39	149.81	638.68	47.56	372.59	5907.43	25184.29
	2016	14869.85	10464.68	136.16	580.48	42.59	335.32	4907.47	20921.33
	2017		11137.32	144.68	616.81	45.31	356.98	5258.35	22417.17
陕西省	1998	1458.40	517.57	4.97	21.19	1.15	8.40	5.72	24.37
	1999	1592.64	587.79	6.23	26.57	1.34	8.61	8.35	35.61
	2000	1804.00	653.67	7.31	31.15	1.49	8.29	10.89	46.41
	2001	2010.62	773.43	9.95	42.41	1.69	11.45	16.81	71.67
	2002	2253.39	915.35	11.59	49.41	1.74	14.48	20.17	85.97
	2003	2587.72	1200.68	12.60	53.73	1.80	16.72	22.68	96.71
	2004	3175.58	1508.89	14.13	60.22	1.97	18.09	27.83	118.64
	2005	3933.72	1882.18	18.87	80.44	2.40	21.70	45.29	193.07
	2006	4743.61	2480.69	24.32	103.69	2.83	28.84	68.83	293.43
	2007	5757.29	3415.02	35.06	149.46	13.30	49.91	466.27	1987.79
	2008	7314.58	4614.42	50.33	214.57	17.14	78.39	862.69	3677.79
	2009	8169.80	6246.90	59.08	251.88	20.84	125.83	1231.30	5249.21

续表

地区	年份	Gdp	inv	edu1	edu2	rad	heac	edu1r	edu2r
陕西省	2010	10123.48	7963.67	71.78	306.01	25.25	156.66	1812.44	7726.70
	2011	12512.30	9431.08	100.60	428.86	29.01	197.61	2918.33	12441.30
	2012	14453.68	12044.55	133.63	569.70	34.94	222.30	4669.17	19905.39
	2013	16205.45	14884.15	134.92	575.19	38.02	257.14	5129.70	21868.71
	2014	17689.94	17191.92	131.83	562.01	44.86	313.45	5913.82	25211.55
	2015	18171.86	17479.67	157.62	671.94	48.75	327.66	6178.63	26340.47
	2016	19165.39	15601.49	143.38	611.23	44.08	289.05	5150.70	21958.24
	2017	21898.81	16636.79	152.71	651.02	47.03	308.57	5520.89	23536.44
甘肃省	1998	887.67	301.45	3.68	15.69	1.09	6.40	4.01	17.10
	1999	956.32	355.51	4.48	19.12	1.09	6.99	4.89	20.84
	2000	1052.88	395.40	5.23	22.31	1.27	8.06	6.65	28.34
	2001	1125.37	460.37	6.84	29.14	1.43	9.88	9.78	41.68
	2002	1232.03	526.21	8.02	34.21	1.58	10.60	12.68	54.05
	2003	1399.83	619.82	9.04	38.53	1.67	11.80	15.09	64.34
	2004	1688.49	733.94	10.20	43.46	1.81	13.41	18.45	78.67
	2005	1933.98	870.36	12.82	54.66	1.99	17.84	25.52	108.78
	2006	2277.35	1022.59	16.62	70.86	2.34	23.22	38.89	165.81
	2007	2703.98	1304.16	23.55	100.41	7.31	41.03	172.18	734.01
	2008	3166.82	1712.78	34.76	148.17	9.47	58.32	329.14	1403.17
	2009	3387.56	2363.00	39.21	167.15	10.18	88.37	399.14	1701.58
	2010	4120.75	3158.34	43.36	184.87	10.89	100.40	472.24	2013.22
	2011	5020.37	3965.79	54.02	230.31	13.22	143.18	714.18	3044.66
	2012	5650.20	5145.03	69.90	298.01	16.19	148.21	1131.74	4824.81
	2013	6330.69	6527.94	71.64	305.41	19.76	165.86	1415.62	6035.00
	2014	6836.82	7884.13	76.24	325.02	21.16	204.19	1613.21	6877.36
	2015	6990.32	8255.28	85.87	366.06	22.95	215.00	1629.60	6947.23
	2016	7152.04	6838.14	80.04	341.21	20.96	192.32	1375.35	5863.35
	2017	7677.00	7291.27	85.10	362.77	22.31	205.13	1473.27	6280.77
新疆维吾尔自治区	1998	1106.95	514.77	4.77	20.35	0.95	8.89	4.53	19.33
	1999	1163.17	526.65	5.25	22.39	0.97	9.64	5.10	21.72
	2000	1363.56	610.39	5.96	25.40	1.04	10.65	6.20	26.41
	2001	1491.60	706.00	8.14	34.71	1.42	13.80	11.56	49.28
	2002	1612.65	800.09	9.53	40.61	1.54	15.73	14.67	62.54
	2003	1886.35	973.39	10.07	42.95	1.86	18.22	18.74	79.89
	2004	2209.09	1147.15	11.66	49.73	2.04	19.49	23.80	101.45
	2005	2604.19	1339.06	13.80	58.85	2.36	25.89	32.58	138.88
	2006	3045.26	1567.05	16.96	72.32	3.11	29.95	52.75	224.90
	2007	3523.16	1850.84	27.13	115.64	12.84	45.82	348.30	1484.85
	2008	4183.21	2259.97	37.85	161.36	14.84	58.64	561.70	2394.62
	2009	4277.05	2725.45	45.63	194.52	16.14	84.94	736.43	3139.52

续表

地区	年份	Gdp	inv	edu1	edu2	rad	heac	edu1r	edu2r
新疆维吾尔自治区	2010	5437.47	3423.24	59.63	254.21	20.19	103.56	1203.90	5132.44
	2011	6610.05	4632.14	75.96	323.84	26.43	132.43	2007.68	8559.04
	2012	7505.31	6158.78	90.03	383.82	33.01	145.88	2971.99	12670.06
	2013	8443.84	7732.30	101.21	431.46	39.85	160.91	4033.13	17193.88
	2014	9273.46	9447.74	107.77	459.43	40.34	202.32	4347.34	18533.41
	2015	9324.80	9710.00	120.21	512.46	45.53	207.20	4450.23	18972.02
	2016	9617.23	8071.74	108.77	463.72	40.87	187.15	3679.85	15687.79
	2017	10920.00	8593.19	115.83	493.80	43.63	199.28	3945.39	16819.81

附录四

人力资本积累、企业创新及其协同效应对产出影响的数据对数值

地区	年份	ln(gdp)	ln(inve)	ledu1	ledu2	ln(rad)	ln(heac)	ledu1r	ledu2r
北京市	1998	7.77	7.03	2.06	3.51	1.41	3.02	3.47	4.92
	1999	7.89	7.07	2.24	3.69	1.59	3.13	3.83	5.28
	2000	8.06	7.15	2.43	3.88	1.83	3.35	4.26	5.71
	2001	8.22	7.32	2.62	4.07	1.98	3.50	4.60	6.05
	2002	8.37	7.49	2.79	4.24	2.17	3.64	4.96	6.41
	2003	8.52	7.68	2.93	4.38	2.38	3.90	5.31	6.76
	2004	8.71	7.84	3.14	4.59	2.58	3.99	5.72	7.17
	2005	8.85	7.95	3.32	4.77	2.76	4.18	6.08	7.53
	2006	9.00	8.10	3.51	4.96	2.96	4.47	6.47	7.92
	2007	9.19	8.27	3.91	5.36	4.51	4.78	8.42	9.87
	2008	9.32	8.25	4.10	5.55	4.72	4.98	8.82	10.27
	2009	9.41	8.44	4.24	5.69	4.84	5.12	9.08	10.53
	2010	9.55	8.59	4.45	5.90	5.19	5.23	9.64	11.09
	2011	9.70	8.63	4.59	6.04	5.21	5.42	9.80	11.25
	2012	9.79	8.72	4.78	6.23	5.30	5.55	10.08	11.53
	2013	9.89	8.83	4.86	6.31	5.46	5.62	10.32	11.77
	2014	9.97	8.84	4.95	6.40	5.64	5.78	10.59	12.04
	2015	10.15	9.02	5.28	6.73	6.30	6.03	11.58	13.03
	2016	10.36	9.23	5.50	6.95	6.59	6.27	12.09	13.54
	2017	10.50	9.35	5.69	7.14	6.89	6.45	12.58	14.03
天津市	1998	7.23	6.35	1.42	2.87	0.07	2.08	1.49	2.94
	1999	7.31	6.36	1.57	3.02	0.14	2.11	1.71	3.16
	2000	7.44	6.41	1.77	3.22	0.29	2.16	2.05	3.50
	2001	7.56	6.56	1.93	3.38	0.35	2.30	2.28	3.73
	2002	7.67	6.69	2.07	3.52	0.44	2.46	2.51	3.96
	2003	7.85	6.95	2.20	3.65	0.66	2.73	2.86	4.31
	2004	8.04	7.13	2.35	3.80	0.83	2.91	3.18	4.63
	2005	8.27	7.31	2.55	4.00	1.03	2.94	3.58	5.03
	2006	8.40	7.51	2.74	4.19	1.20	3.17	3.94	5.39
	2007	8.57	7.76	3.04	4.49	3.11	3.50	6.15	7.60
	2008	8.81	8.13	3.29	4.74	3.36	3.74	6.65	8.10
	2009	8.93	8.46	3.50	4.95	3.53	3.99	7.02	8.47

续表

地区	年份	ln(gdp)	ln(inve)	ledu1	ledu2	ln(rad)	ln(heac)	ledu1r	ledu2r
天津市	2010	9.13	8.74	3.78	5.23	3.77	4.25	7.54	8.99
	2011	9.33	8.86	4.05	5.50	4.10	4.51	8.15	9.60
	2012	9.46	8.98	4.28	5.73	4.34	4.66	8.61	10.06
	2013	9.58	9.12	4.47	5.92	4.53	4.86	9.00	10.45
	2014	9.66	9.26	4.59	6.04	4.69	5.08	9.28	10.73
	2015	9.92	9.66	4.94	6.39	5.53	5.39	10.46	11.91
	2016	10.08	9.78	5.02	6.47	5.64	5.44	10.66	12.11
	2017	10.24	9.99	5.23	6.68	5.98	5.65	11.21	12.66
河北省	1998	8.36	7.37	2.34	3.79	0.67	2.74	3.00	4.45
	1999	8.41	7.48	2.48	3.93	0.60	2.82	3.08	4.53
	2000	8.53	7.50	2.64	4.09	0.73	2.86	3.37	4.82
	2001	8.62	7.56	2.83	4.28	0.86	3.08	3.69	5.14
	2002	8.70	7.61	3.04	4.49	0.91	3.20	3.95	5.40
	2003	8.84	7.82	3.12	4.57	0.99	3.55	4.11	5.56
	2004	9.05	8.08	3.30	4.75	1.10	3.56	4.39	5.84
	2005	9.21	8.33	3.48	4.93	1.26	3.81	4.74	6.19
	2006	9.35	8.61	3.58	5.03	1.38	3.92	4.97	6.42
	2007	9.52	8.84	3.99	5.44	2.86	4.36	6.84	8.29
	2008	9.68	9.09	4.27	5.72	3.08	4.79	7.35	8.80
	2009	9.75	9.41	4.42	5.87	3.27	5.16	7.70	9.15
	2010	9.92	9.62	4.58	6.03	3.39	5.46	7.97	9.42
	2011	10.11	9.70	4.82	6.27	3.50	5.71	8.32	9.77
	2012	10.19	9.89	5.10	6.55	3.80	5.78	8.90	10.35
	2013	10.26	10.05	5.07	6.52	3.91	5.94	8.98	10.43
	2014	10.29	10.19	5.11	6.56	3.94	6.10	9.04	10.49
	2015	10.55	10.44	5.49	6.94	4.41	6.41	9.89	11.34
	2016	10.69	10.64	5.68	7.13	4.66	6.65	10.34	11.79
	2017	10.84	10.92	5.88	7.33	5.04	6.96	10.92	12.37
山西省	1998	7.38	6.12	1.70	3.15	0.22	2.13	1.92	3.37
	1999	7.42	6.17	1.82	3.27	0.04	2.29	1.86	3.31
	2000	7.52	6.31	1.98	3.43	0.08	2.35	2.06	3.51
	2001	7.62	6.50	2.26	3.71	0.22	2.60	2.47	3.92
	2002	7.75	6.70	2.41	3.86	0.31	2.71	2.73	4.18
	2003	7.96	7.00	2.55	4.00	0.46	3.01	3.01	4.46
	2004	8.18	7.28	2.72	4.17	0.64	0.81	3.36	4.81
	2005	8.35	7.51	2.97	4.42	0.74	3.34	3.70	5.15
	2006	8.49	7.72	3.13	4.58	0.91	3.57	4.05	5.50
	2007	8.70	7.96	3.54	4.99	2.76	3.95	6.30	7.75
	2008	8.90	8.17	3.80	5.25	2.87	4.27	6.67	8.12
	2009	8.90	8.51	3.97	5.42	2.87	4.62	6.84	8.29

续表

地区	年份	ln（gdp）	ln（inve）	ledu1	ledu2	ln（rad）	ln（heac）	ledu1r	ledu2r
山西省	2010	9.13	8.71	4.13	5.58	3.00	4.73	7.14	8.59
	2011	9.33	8.86	4.38	5.83	3.30	5.07	7.69	9.14
	2012	9.40	9.09	4.66	6.11	3.51	5.19	8.17	9.62
	2013	9.45	9.31	4.64	6.09	4.13	5.31	8.76	10.21
	2014	9.45	9.42	4.57	6.02	3.99	5.50	8.56	10.01
	2015	9.73	9.73	5.06	6.51	4.71	5.90	9.77	11.22
	2016	9.94	9.97	5.28	6.73	4.76	6.04	10.04	11.49
	2017	10.09	10.19	5.49	6.94	5.06	6.29	10.54	11.99
内蒙古自治区	1998	7.14	5.76	1.53	2.98	0.09	2.04	1.61	3.06
	1999	7.23	5.85	1.65	3.10	0.07	2.12	1.72	3.17
	2000	7.34	6.05	1.73	3.18	0.18	2.21	1.91	3.36
	2001	7.45	6.22	2.02	3.47	0.34	2.42	2.36	3.81
	2002	7.57	6.56	2.22	3.67	0.41	2.52	2.62	4.07
	2003	7.78	7.07	2.33	3.78	0.51	2.84	2.84	4.29
	2004	8.02	7.49	2.53	3.98	0.56	2.86	3.09	4.54
	2005	8.27	7.88	2.70	4.15	0.64	3.04	3.35	4.80
	2006	8.51	8.12	2.89	4.34	0.76	3.34	3.65	5.10
	2007	8.77	8.38	3.37	4.82	2.22	3.78	5.59	7.04
	2008	9.05	8.61	3.67	5.12	2.73	4.09	6.40	7.85
	2009	9.18	8.90	3.83	5.28	2.89	4.63	6.73	8.18
	2010	9.36	9.10	4.11	5.56	3.06	4.79	7.18	8.63
	2011	9.57	9.25	4.31	5.76	3.34	5.10	7.65	9.10
	2012	9.67	9.38	4.43	5.88	3.32	5.18	7.74	9.19
	2013	9.74	9.56	4.46	5.91	3.45	5.28	7.92	9.37
	2014	9.79	9.78	4.51	5.96	3.49	5.43	8.00	9.45
	2015	10.14	10.04	4.99	6.44	4.32	5.98	9.31	10.76
	2016	10.38	10.55	5.19	6.64	4.37	6.07	9.56	11.01
	2017	10.57	10.82	5.40	6.85	4.64	6.32	10.05	11.50
辽宁省	1998	8.26	6.96	2.23	3.68	1.22	2.73	3.45	4.90
	1999	8.34	7.02	2.36	3.81	1.13	2.72	3.49	4.94
	2000	8.45	7.14	2.53	3.98	1.18	2.84	3.71	5.16
	2001	8.52	7.26	2.66	4.11	1.19	2.87	3.85	5.30
	2002	8.60	7.38	2.81	4.26	1.26	2.98	4.07	5.52
	2003	8.70	7.64	2.93	4.38	1.32	3.23	4.25	5.70
	2004	8.81	8.00	3.14	4.59	1.38	3.24	4.52	5.97
	2005	8.99	8.34	3.30	4.75	1.53	3.54	4.82	6.27
	2006	9.14	8.65	3.46	4.91	1.69	3.78	5.14	6.59
	2007	9.32	8.91	3.87	5.32	3.66	4.20	7.52	8.97
	2008	9.52	9.21	4.06	5.51	3.89	4.43	7.96	9.41
	2009	9.63	9.42	4.19	5.64	4.05	5.10	8.24	9.69

续表

地区	年份	ln（gdp）	ln（inve）	ledu1	ledu2	ln（rad）	ln（heac）	ledu1r	ledu2r
辽宁省	2010	9.82	9.68	4.34	5.79	4.23	5.02	8.58	10.03
	2011	10.01	9.78	4.64	6.09	4.47	5.20	9.11	10.56
	2012	10.12	9.99	4.93	6.38	4.62	5.30	9.55	11.00
	2013	10.21	10.13	4.85	6.30	4.78	5.44	9.62	11.07
	2014	10.26	10.12	4.74	6.19	4.69	5.61	9.43	10.88
	2015	10.52	10.55	5.24	6.69	5.65	6.03	10.89	12.34
	2016	10.61	10.85	5.41	6.86	5.68	6.13	11.09	12.54
	2017	10.74	11.08	5.59	7.04	5.97	6.34	11.56	13.01
吉林省	1998	7.36	6.07	1.67	3.12	0.48	2.13	2.15	3.60
	1999	7.42	6.21	1.83	3.28	0.55	2.21	2.38	3.83
	2000	7.58	6.40	1.92	3.37	0.56	2.24	2.48	3.93
	2001	7.66	6.55	2.13	3.58	0.73	2.40	2.86	4.31
	2002	7.76	6.73	2.25	3.70	0.85	2.54	3.10	4.55
	2003	7.89	6.88	2.32	3.77	0.71	2.78	3.04	4.49
	2004	8.05	7.06	2.45	3.90	0.83	2.83	3.27	4.72
	2005	8.19	7.46	2.65	4.10	1.00	3.03	3.64	5.09
	2006	8.36	7.86	2.85	4.30	1.18	3.29	4.03	5.48
	2007	8.57	8.20	3.31	4.76	2.41	3.75	5.72	7.17
	2008	8.77	8.52	3.58	5.03	2.60	4.09	6.17	7.62
	2009	8.89	8.77	3.72	5.17	2.94	4.68	6.66	8.11
	2010	9.07	8.97	3.86	5.31	2.95	4.71	6.81	8.26
	2011	9.27	8.91	4.11	5.56	3.05	4.97	7.16	8.61
	2012	9.39	9.16	4.45	5.90	3.22	5.08	7.67	9.12
	2013	9.48	9.21	4.38	5.83	3.62	5.20	8.00	9.45
	2014	9.53	9.34	4.35	5.80	3.60	5.33	7.94	9.39
	2015	9.81	9.72	4.84	6.29	4.19	5.86	9.03	10.48
	2016	9.92	10.05	4.98	6.43	4.20	5.95	9.18	10.63
	2017	10.07	10.28	5.17	6.62	4.44	6.18	9.61	11.06
黑龙江省	1998	7.93	6.65	1.93	3.38	0.91	2.47	2.84	4.29
	1999	7.96	6.62	2.11	3.56	0.93	2.59	3.04	4.49
	2000	8.06	6.72	2.23	3.68	1.00	2.61	3.23	4.68
	2001	8.13	6.87	2.51	3.96	1.24	2.79	3.75	5.20
	2002	8.20	6.95	2.67	4.12	1.02	2.85	3.69	5.14
	2003	8.31	7.06	2.73	4.18	1.25	3.14	3.99	5.44
	2004	8.47	7.27	2.86	4.31	1.27	3.16	4.13	5.58
	2005	8.61	7.46	3.01	4.46	1.21	3.33	4.22	5.67
	2006	8.73	7.71	3.23	4.68	1.35	3.59	4.58	6.03
	2007	8.87	7.95	3.64	5.09	2.86	4.05	6.50	7.95
	2008	9.03	8.20	3.89	5.34	3.00	4.27	6.89	8.34
	2009	9.06	8.52	3.93	5.38	2.99	4.91	6.92	8.37

续表

地区	年份	ln（gdp）	ln（inve）	ledu1	ledu2	ln（rad）	ln（heac）	ledu1r	ledu2r
黑龙江省	2010	9.25	8.83	4.04	5.49	3.32	4.91	7.36	8.81
	2011	9.44	8.92	4.26	5.71	3.50	5.14	7.77	9.22
	2012	9.52	9.18	4.64	6.09	3.63	5.16	8.27	9.72
	2013	9.58	9.35	4.56	6.01	3.65	5.25	8.21	9.66
	2014	9.62	9.19	4.57	6.02	3.68	5.46	8.24	9.69
	2015	9.83	9.72	4.96	6.41	4.39	5.90	9.35	10.80
	2016	9.93	9.81	5.14	6.59	4.38	6.00	9.52	10.97
	2017	10.05	10.00	5.31	6.76	4.60	6.22	9.92	11.37
上海市	1998	8.24	7.58	2.55	4.00	1.70	3.30	4.25	5.70
	1999	8.34	7.53	2.66	4.11	1.82	3.39	4.48	5.93
	2000	8.47	7.53	2.77	4.22	1.99	3.48	4.76	6.21
	2001	8.56	7.60	2.94	4.39	2.14	3.54	5.08	6.53
	2002	8.66	7.70	3.09	4.54	2.26	3.42	5.36	6.81
	2003	8.81	7.82	3.22	4.67	2.43	3.60	5.65	7.10
	2004	9.00	8.02	3.38	4.83	2.60	3.81	5.99	7.44
	2005	9.13	8.16	3.55	5.00	2.77	3.95	6.32	7.77
	2006	9.27	8.27	3.66	5.11	3.01	4.12	6.67	8.12
	2007	9.43	8.39	3.99	5.44	4.66	4.49	8.65	10.10
	2008	9.55	8.48	4.13	5.58	4.79	4.81	8.92	10.37
	2009	9.62	8.53	4.19	5.64	5.37	4.89	9.56	11.01
	2010	9.75	8.54	4.37	5.82	5.31	5.08	9.68	11.13
	2011	9.86	8.51	4.65	6.10	5.39	5.25	10.03	11.48
	2012	9.91	8.54	4.81	6.26	5.50	5.28	10.32	11.77
	2013	9.99	8.64	4.86	6.31	5.55	5.37	10.41	11.86
	2014	10.07	8.70	4.88	6.33	5.57	5.58	10.45	11.90
	2015	10.22	8.75	5.19	6.64	6.42	5.84	11.61	13.06
	2016	10.41	8.95	5.34	6.79	6.69	5.92	12.03	13.48
	2017	10.53	9.03	5.50	6.95	6.99	6.08	12.49	13.94
江苏省	1998	8.88	7.80	2.84	4.29	1.39	3.29	4.22	5.67
	1999	8.95	7.80	2.97	4.42	1.49	3.39	4.46	5.91
	2000	9.05	7.85	3.11	4.56	1.53	3.48	4.64	6.09
	2001	9.15	7.95	3.31	4.76	1.62	3.62	4.93	6.38
	2002	9.27	8.15	3.43	4.88	1.63	3.74	5.06	6.51
	2003	9.43	8.56	3.53	4.98	1.71	4.02	5.24	6.69
	2004	9.62	8.79	3.71	5.16	1.87	4.13	5.57	7.02
	2005	9.83	9.01	3.89	5.34	2.07	4.32	5.97	7.42
	2006	9.99	9.22	4.04	5.49	2.36	4.49	6.40	7.85
	2007	10.17	9.41	4.54	5.99	4.23	4.75	8.77	10.22
	2008	10.34	9.64	4.72	6.17	4.52	5.00	9.24	10.69
	2009	10.45	9.85	4.86	6.31	4.76	5.29	9.62	11.07

续表

地区	年份	ln（gdp）	ln（inve）	ledu1	ledu2	ln（rad）	ln（heac）	ledu1r	ledu2r
江苏省	2010	10.63	10.05	5.10	6.55	5.01	5.52	10.12	11.57
	2011	10.80	10.19	5.34	6.79	5.36	5.86	10.70	12.15
	2012	10.90	10.34	5.55	7.00	5.55	6.04	11.10	12.55
	2013	11.00	10.50	5.61	7.06	5.71	6.17	11.32	12.77
	2014	11.08	10.64	5.66	7.11	5.79	6.33	11.45	12.90
	2015	11.30	10.89	6.06	7.51	6.75	6.68	12.81	14.26
	2016	11.48	11.14	6.20	7.65	6.79	6.75	12.99	14.44
	2017	11.63	11.34	6.40	7.85	7.13	6.96	13.53	14.98
浙江省	1998	8.53	7.50	2.32	3.77	1.10	3.02	3.42	4.87
	1999	8.60	7.58	2.49	3.94	1.22	3.17	3.72	5.17
	2000	8.72	7.76	2.70	4.15	1.37	3.30	4.07	5.52
	2001	8.84	7.95	3.02	4.47	1.63	3.49	4.66	6.11
	2002	8.99	8.15	3.26	4.71	1.81	3.62	5.07	6.52
	2003	9.18	8.46	3.44	4.89	1.97	3.82	5.41	6.86
	2004	9.36	8.66	3.64	5.09	2.21	3.97	5.85	7.30
	2005	9.50	8.78	3.78	5.23	2.36	4.17	6.14	7.59
	2006	9.66	8.93	3.93	5.38	2.55	4.43	6.48	7.93
	2007	9.84	9.04	4.29	5.74	4.27	4.72	8.56	10.01
	2008	9.97	9.14	4.46	5.91	4.46	4.96	8.92	10.37
	2009	10.04	9.28	4.59	6.04	4.60	5.18	9.19	10.64
	2010	10.23	9.42	4.75	6.20	4.80	5.41	9.55	11.00
	2011	10.38	9.56	4.96	6.41	4.97	5.63	9.93	11.38
	2012	10.45	9.78	5.12	6.57	5.11	5.72	10.23	11.68
	2013	10.54	9.94	5.20	6.65	5.26	5.86	10.45	11.90
	2014	10.60	10.10	5.28	6.73	5.34	6.07	10.62	12.07
	2015	10.81	10.20	5.57	7.02	6.09	6.36	11.67	13.12
	2016	11.00	10.43	5.85	7.30	6.37	6.53	12.22	13.67
	2017	11.14	10.59	6.04	7.49	6.69	6.73	12.73	14.18
安徽省	1998	7.84	6.58	2.01	3.46	0.24	2.34	2.25	3.70
	1999	7.91	6.56	2.18	3.63	0.37	2.43	2.55	4.00
	2000	7.97	6.69	2.33	3.78	0.33	2.46	2.66	4.11
	2001	8.09	6.80	2.54	3.99	0.48	2.55	3.02	4.47
	2002	8.17	6.98	2.68	4.13	0.55	2.66	3.23	4.68
	2003	8.27	7.26	2.78	4.23	0.60	2.84	3.38	4.83
	2004	8.47	7.57	3.00	4.45	0.80	3.10	3.80	5.25
	2005	8.58	7.83	3.11	4.56	0.94	3.22	4.05	5.50
	2006	8.72	8.17	3.36	4.81	1.21	3.55	4.57	6.02
	2007	8.90	8.53	3.70	5.15	2.77	4.18	6.47	7.92
	2008	9.09	8.82	4.00	5.45	3.17	4.64	7.16	8.62
	2009	9.22	9.10	4.12	5.57	3.60	5.11	7.72	9.17

续表

地区	年份	ln（gdp）	ln（inve）	ledu1	ledu2	ln（rad）	ln（heac）	ledu1r	ledu2r
安徽省	2010	9.42	9.35	4.30	5.75	4.06	5.22	8.36	9.81
	2011	9.64	9.43	4.68	6.13	4.34	5.62	9.02	10.47
	2012	9.75	9.64	4.92	6.37	4.56	5.77	9.48	10.93
	2013	9.86	9.83	4.94	6.39	4.70	5.89	9.64	11.09
	2014	9.95	9.99	4.95	6.40	4.86	6.05	9.81	11.26
	2015	10.19	10.36	5.40	6.85	5.84	6.69	11.25	12.70
	2016	10.27	10.62	5.54	6.99	5.80	6.74	11.33	12.78
	2017	10.41	10.86	5.74	7.19	6.15	7.02	11.89	13.34
福建省	1998	8.06	6.96	2.17	3.62	0.86	2.57	3.03	4.48
	1999	8.14	6.99	2.30	3.75	1.01	2.68	3.31	4.76
	2000	8.23	7.01	2.47	3.92	1.14	2.78	3.60	5.05
	2001	8.31	7.07	2.62	4.07	1.12	2.83	3.74	5.19
	2002	8.40	7.13	2.74	4.19	1.32	2.91	4.06	5.51
	2003	8.51	7.31	2.87	4.32	1.45	3.03	4.32	5.77
	2004	8.66	7.55	2.95	4.40	1.48	3.15	4.43	5.88
	2005	8.79	7.75	3.05	4.50	1.54	3.26	4.60	6.05
	2006	8.93	8.00	3.25	4.70	1.65	3.53	4.91	6.36
	2007	9.13	8.36	3.55	5.00	3.06	3.95	6.61	8.06
	2008	9.29	8.56	3.79	5.24	3.24	4.31	7.04	8.49
	2009	9.41	8.74	3.97	5.42	3.33	4.54	7.29	8.74
	2010	9.60	9.01	4.13	5.58	3.48	4.77	7.61	9.06
	2011	9.77	9.20	4.35	5.80	3.70	5.07	8.05	9.50
	2012	9.89	9.43	4.67	6.12	3.88	5.23	8.55	10.00
	2013	9.99	9.64	4.69	6.14	4.10	5.41	8.80	10.25
	2014	10.09	9.81	4.79	6.24	4.21	5.68	9.00	10.45
	2015	10.31	10.10	5.13	6.58	4.78	6.04	9.91	11.36
	2016	10.39	10.17	5.20	6.65	4.82	6.01	10.02	11.47
	2017	10.53	10.37	5.37	6.82	5.07	6.22	10.44	11.89
江西省	1998	7.45	5.99	1.67	3.12	-0.07	2.21	1.59	3.04
	1999	7.52	6.12	1.81	3.26	0.05	2.27	1.86	3.31
	2000	7.60	6.25	1.98	3.43	0.17	2.33	2.15	3.60
	2001	7.69	6.45	2.22	3.67	0.40	2.46	2.62	4.07
	2002	7.80	6.79	2.42	3.87	0.48	2.55	2.90	4.35
	2003	7.94	7.17	2.51	3.96	0.62	2.71	3.12	4.57
	2004	8.15	7.45	2.64	4.09	0.69	2.87	3.33	4.78
	2005	8.31	7.69	2.82	4.27	0.79	3.08	3.61	5.06
	2006	8.48	7.89	2.98	4.43	0.98	3.36	3.96	5.41
	2007	8.67	8.10	3.50	4.95	2.17	4.06	5.67	7.12
	2008	8.85	8.46	3.67	5.12	2.41	4.34	6.08	7.53
	2009	8.94	8.80	3.87	5.32	2.60	4.79	6.46	7.91

续表

地区	年份	ln(gdp)	ln(inve)	ledu1	ledu2	ln(rad)	ln(heac)	ledu1r	ledu2r
江西省	2010	9.15	9.08	4.03	5.48	2.90	5.01	6.94	8.39
	2011	9.37	9.11	4.50	5.95	3.06	5.28	7.56	9.01
	2012	9.47	9.28	4.77	6.22	3.31	5.39	8.09	9.54
	2013	9.58	9.46	4.84	6.29	3.84	5.57	8.67	10.12
	2014	9.66	9.62	4.91	6.36	4.07	5.82	8.97	10.42
	2015	9.90	9.97	5.35	6.80	4.53	6.33	9.88	11.33
	2016	10.03	10.30	5.45	6.90	4.51	6.39	9.96	11.41
	2017	10.18	10.55	5.67	7.12	4.79	6.65	10.46	11.91
山东省	1998	8.86	7.57	2.82	4.27	1.27	3.23	4.10	5.55
	1999	8.92	7.71	2.94	4.39	1.27	3.25	4.21	5.66
	2000	9.03	7.84	3.11	4.56	1.35	3.34	4.46	5.91
	2001	9.13	7.93	3.26	4.71	1.51	3.42	4.78	6.23
	2002	9.24	8.16	3.43	4.88	1.67	3.51	5.10	6.55
	2003	9.40	8.58	3.53	4.98	1.76	3.68	5.29	6.74
	2004	9.62	8.85	3.66	5.11	1.89	3.81	5.55	7.00
	2005	9.82	9.14	3.86	5.31	2.03	4.00	5.89	7.34
	2006	9.99	9.32	4.02	5.47	2.20	4.29	6.22	7.67
	2007	10.16	9.44	4.46	5.91	3.84	4.60	8.29	9.74
	2008	10.34	9.64	4.65	6.10	4.05	4.94	8.70	10.15
	2009	10.43	9.85	4.76	6.21	4.14	5.24	8.90	10.35
	2010	10.58	10.06	4.99	6.44	4.44	5.52	9.42	10.87
	2011	10.72	10.19	5.29	6.74	4.69	5.89	9.98	11.43
	2012	10.82	10.35	5.52	6.97	4.83	6.05	10.35	11.80
	2013	10.92	10.51	5.58	7.03	5.00	6.19	10.59	12.04
	2014	10.99	10.66	5.63	7.08	4.99	6.41	10.62	12.07
	2015	11.20	10.86	6.02	7.47	5.80	6.82	11.82	13.27
	2016	11.40	11.19	6.14	7.59	5.91	6.82	12.05	13.50
	2017	11.54	11.39	6.33	7.78	6.20	7.05	12.53	13.98
河南省	1998	8.37	7.16	2.40	3.85	0.69	2.67	3.09	4.54
	1999	8.42	7.10	2.55	4.00	0.77	2.74	3.33	4.78
	2000	8.53	7.23	2.69	4.14	0.85	2.85	3.54	4.99
	2001	8.62	7.34	2.90	4.35	0.90	2.97	3.80	5.25
	2002	8.71	7.45	3.15	4.60	1.07	3.09	4.22	5.67
	2003	8.83	7.72	3.22	4.67	1.11	3.41	4.32	5.77
	2004	9.05	8.04	3.37	4.82	1.24	3.52	4.62	6.07
	2005	9.27	8.37	3.57	5.02	1.46	3.73	5.03	6.48
	2006	9.42	8.68	3.79	5.24	1.71	4.12	5.50	6.95
	2007	9.62	8.99	4.24	5.69	3.23	4.59	7.47	8.92
	2008	9.80	9.26	4.44	5.89	3.42	4.98	7.85	9.30
	2009	9.88	9.53	4.60	6.05	3.57	5.41	8.17	9.62

续表

地区	年份	ln（gdp）	ln（inve）	ledu1	ledu2	ln（rad）	ln（heac）	ledu1r	ledu2r
河南省	2010	10.05	9.72	4.75	6.20	3.80	5.60	8.55	10.00
	2011	10.20	9.79	5.09	6.54	4.04	5.89	9.13	10.58
	2012	10.30	9.97	5.35	6.80	4.24	6.05	9.59	11.04
	2013	10.38	10.17	5.41	6.86	4.38	6.20	9.79	11.24
	2014	10.46	10.33	5.43	6.88	4.40	6.40	9.83	11.28
	2015	10.68	10.64	5.86	7.31	5.17	6.93	11.02	12.47
	2016	10.85	10.91	6.02	7.47	5.28	7.05	11.30	12.75
	2017	11.00	11.14	6.23	7.68	5.57	7.31	11.80	13.25
湖北省	1998	8.04	7.05	2.11	3.56	0.24	2.76	2.35	3.80
	1999	8.08	7.12	2.26	3.71	0.34	2.88	2.60	4.05
	2000	8.17	7.20	2.39	3.84	0.43	2.86	2.83	4.28
	2001	8.26	7.30	2.59	4.04	0.52	3.07	3.12	4.57
	2002	8.35	7.38	2.76	4.21	0.62	3.11	3.38	4.83
	2003	8.47	7.50	2.83	4.28	0.78	3.19	3.61	5.06
	2004	8.64	7.73	2.99	4.44	0.75	3.27	3.74	5.19
	2005	8.79	7.89	3.12	4.57	0.95	3.44	4.06	5.51
	2006	8.94	8.11	3.32	4.77	1.07	3.81	4.39	5.84
	2007	9.14	8.37	3.72	5.17	2.93	4.19	6.65	8.10
	2008	9.34	8.64	3.99	5.44	3.14	4.55	7.13	8.58
	2009	9.47	8.97	4.10	5.55	3.23	4.94	7.33	8.78
	2010	9.68	9.24	4.24	5.69	3.40	5.19	7.65	9.10
	2011	9.88	9.44	4.53	5.98	3.79	5.51	8.32	9.77
	2012	10.01	9.65	4.94	6.39	4.00	5.59	8.93	10.38
	2013	10.12	9.87	4.88	6.33	4.35	5.77	9.22	10.67
	2014	10.22	10.04	4.99	6.44	4.90	5.99	9.89	11.34
	2015	10.47	10.38	5.37	6.82	5.37	6.46	10.74	12.19
	2016	10.55	10.40	5.47	6.92	5.33	6.44	10.80	12.25
	2017	10.70	10.61	5.66	7.11	5.65	6.67	11.32	12.77
湖南省	1998	8.01	6.68	2.01	3.46	0.46	2.38	2.47	3.92
	1999	8.08	6.78	2.14	3.59	0.50	2.46	2.64	4.09
	2000	8.18	6.92	2.27	3.72	0.56	2.47	2.83	4.28
	2001	8.25	7.07	2.52	3.97	0.82	2.60	3.33	4.78
	2002	8.33	7.21	2.76	4.21	0.85	2.69	3.61	5.06
	2003	8.45	7.37	2.84	4.29	0.80	2.82	3.64	5.09
	2004	8.64	7.64	2.99	4.44	0.88	2.98	3.87	5.32
	2005	8.79	7.87	3.15	4.60	0.96	3.20	4.11	5.56
	2006	8.95	8.06	3.30	4.75	1.12	3.54	4.41	5.86
	2007	9.15	8.33	3.77	5.22	3.02	4.08	6.79	8.24
	2008	9.35	8.62	4.08	5.53	3.28	4.47	7.36	8.81
	2009	9.48	8.95	4.22	5.67	3.39	5.07	7.61	9.06

续表

地区	年份	ln(gdp)	ln(inve)	ledu1	ledu2	ln(rad)	ln(heac)	ledu1r	ledu2r
湖南省	2010	9.68	9.18	4.34	5.79	3.56	5.20	7.89	9.34
	2011	9.89	9.38	4.63	6.08	3.74	5.55	8.37	9.82
	2012	10.01	9.58	5.03	6.48	3.88	5.68	8.91	10.36
	2013	10.11	9.79	5.04	6.49	4.02	5.84	9.05	10.50
	2014	10.20	9.96	5.06	6.51	4.08	6.05	9.15	10.60
	2015	10.46	10.30	5.52	6.97	4.99	6.66	10.50	11.95
	2016	10.55	10.43	5.65	7.10	4.98	6.66	10.62	12.07
	2017	10.70	10.65	5.86	7.31	5.26	6.93	11.12	12.57
广东省	1998	9.05	7.88	3.03	4.48	2.29	3.67	5.32	6.77
	1999	9.13	7.99	3.14	4.59	2.26	3.71	5.40	6.85
	2000	9.28	8.05	3.31	4.76	2.39	3.87	5.71	7.16
	2001	9.40	8.16	3.53	4.98	2.46	3.99	5.99	7.44
	2002	9.51	8.26	3.79	5.24	2.64	4.17	6.43	7.88
	2003	9.67	8.48	3.92	5.37	2.73	4.30	6.65	8.10
	2004	9.85	8.68	4.00	5.45	2.76	4.29	6.76	8.21
	2005	10.02	8.85	4.14	5.59	2.77	4.41	6.91	8.36
	2006	10.19	8.98	4.31	5.76	2.84	4.64	7.16	8.61
	2007	10.37	9.14	4.70	6.15	4.78	4.95	9.48	10.93
	2008	10.51	9.29	4.90	6.35	4.89	5.30	9.78	11.23
	2009	10.58	9.47	5.03	6.48	5.13	5.53	10.15	11.60
	2010	10.74	9.66	5.17	6.62	5.37	5.72	10.53	11.98
	2011	10.88	9.75	5.45	6.90	5.32	6.07	10.77	12.22
	2012	10.95	9.84	5.65	7.10	5.51	6.22	11.16	12.61
	2013	11.04	10.01	5.80	7.25	5.84	6.34	11.65	13.10
	2014	11.12	10.18	5.84	7.29	5.61	6.66	11.45	12.90
	2015	11.31	10.32	6.18	7.63	6.53	6.95	12.71	14.16
	2016	11.51	10.48	6.33	7.78	6.59	6.94	12.92	14.37
	2017	11.65	10.63	6.51	7.96	6.86	7.14	13.37	14.82
广西壮族自治区	1998	7.56	6.33	1.88	3.33	0.49	2.31	2.37	3.82
	1999	7.59	6.36	2.01	3.46	0.60	2.37	2.61	4.06
	2000	7.64	6.37	2.14	3.59	0.76	2.45	2.90	4.35
	2001	7.73	6.49	2.47	3.92	0.87	2.75	3.33	4.78
	2002	7.83	6.62	2.62	4.07	1.15	2.88	3.77	5.22
	2003	7.94	6.83	2.71	4.16	1.25	3.05	3.96	5.41
	2004	8.14	7.12	2.85	4.30	1.32	3.09	4.16	5.61
	2005	8.29	7.42	3.00	4.45	1.40	3.26	4.40	5.85
	2006	8.47	7.70	3.25	4.70	1.62	3.51	4.86	6.31
	2007	8.67	7.99	3.58	5.03	2.58	3.93	6.16	7.61
	2008	8.86	8.23	3.87	5.32	2.79	4.37	6.65	8.10
	2009	8.96	8.56	4.03	5.48	2.89	4.75	6.93	8.38

续表

地区	年份	ln(gdp)	ln(inve)	ledu1	ledu2	ln(rad)	ln(heac)	ledu1r	ledu2r
广西壮族自治区	2010	9.17	8.86	4.24	5.69	3.08	5.11	7.32	8.77
	2011	9.37	8.99	4.46	5.91	3.34	5.45	7.80	9.25
	2012	9.48	9.19	4.72	6.17	3.76	5.53	8.47	9.92
	2013	9.58	9.38	4.75	6.20	4.00	5.65	8.75	10.20
	2014	9.66	9.54	4.83	6.28	4.09	5.87	8.93	10.38
	2015	9.91	9.90	5.23	6.68	4.57	6.42	9.81	11.26
	2016	10.01	10.07	5.38	6.83	4.62	6.44	10.00	11.45
	2017	10.16	10.30	5.58	7.03	4.87	6.69	10.45	11.90
海南省	1998	6.09	5.16	0.39	1.84	-1.11	0.94	-0.72	0.73
	1999	6.17	5.27	0.48	1.93	-1.05	0.97	-0.57	0.88
	2000	6.27	5.29	0.60	2.05	-0.97	1.03	-0.36	1.09
	2001	6.36	5.36	0.75	2.20	-0.89	1.08	-0.14	1.31
	2002	6.47	5.42	0.99	2.44	-0.84	1.22	0.14	1.59
	2003	6.57	5.63	1.03	2.48	-0.94	1.54	0.09	1.54
	2004	6.71	5.76	1.23	2.68	-0.71	1.69	0.51	1.96
	2005	6.82	5.91	1.53	2.98	-0.62	1.87	0.91	2.36
	2006	6.97	6.05	1.67	3.12	-0.40	2.03	1.27	2.72
	2007	7.13	6.22	2.04	3.49	1.03	2.52	3.06	4.51
	2008	7.32	6.56	2.36	3.81	1.50	2.93	3.86	5.31
	2009	7.41	6.90	2.65	4.10	1.80	3.41	4.45	5.90
	2010	7.63	7.18	2.93	4.38	2.01	3.55	4.94	6.39
	2011	7.83	7.41	3.19	4.64	2.29	3.92	5.47	6.92
	2012	7.96	7.67	3.41	4.86	2.49	4.09	5.90	7.35
	2013	8.06	7.90	3.50	4.95	2.63	4.24	6.13	7.58
	2014	8.16	8.04	3.51	4.96	2.60	4.48	6.11	7.56
	2015	8.38	8.39	4.02	5.47	3.53	4.97	7.56	9.01
	2016	8.45	8.34	4.14	5.59	3.50	5.00	7.64	9.09
	2017	8.59	8.54	4.37	5.82	3.79	5.25	8.16	9.61
重庆市	1998	7.27	6.20	1.22	2.67	-0.15	1.94	1.07	2.52
	1999	7.31	6.26	1.35	2.80	-0.42	1.97	0.94	2.39
	2000	7.49	6.35	1.58	3.03	-0.31	2.08	1.26	2.71
	2001	7.59	6.55	1.84	3.29	-0.19	2.17	1.66	3.11
	2002	7.71	6.80	2.01	3.46	-0.22	2.24	1.79	3.24
	2003	7.85	7.06	2.10	3.55	-0.14	2.38	1.96	3.41
	2004	8.02	7.34	2.25	3.70	0.02	2.49	2.27	3.72
	2005	8.15	7.57	2.44	3.89	0.09	2.72	2.53	3.98
	2006	8.27	7.79	2.70	4.15	0.30	3.07	3.00	4.45
	2007	8.45	8.05	3.14	4.59	2.40	3.53	5.54	6.99
	2008	8.66	8.29	3.37	4.82	2.72	3.94	6.09	7.54
	2009	8.78	8.56	3.59	5.04	2.74	4.34	6.33	7.78

续表

地区	年份	ln(gdp)	ln(inve)	ledu1	ledu2	ln(rad)	ln(heac)	ledu1r	ledu2r
重庆市	2010	8.98	8.81	3.82	5.27	2.88	4.55	6.71	8.16
	2011	9.21	8.92	4.10	5.55	3.22	4.97	7.32	8.77
	2012	9.34	9.08	4.50	5.95	3.40	5.12	7.89	9.34
	2013	9.46	9.25	4.42	5.87	3.65	5.29	8.07	9.52
	2014	9.57	9.42	4.49	5.94	3.64	5.51	8.13	9.58
	2015	9.80	9.71	4.98	6.43	4.57	6.03	9.55	11.00
	2016	9.90	9.97	5.13	6.58	4.59	6.02	9.72	11.17
	2017	10.05	10.19	5.36	6.81	4.90	6.28	10.26	11.71
四川省	1998	8.15	7.04	2.22	3.67	1.03	2.92	3.24	4.69
	1999	8.20	7.11	2.34	3.79	1.09	3.00	3.44	4.89
	2000	8.28	7.26	2.51	3.96	1.19	3.09	3.70	5.15
	2001	8.36	7.39	2.78	4.23	1.17	3.21	3.95	5.40
	2002	8.46	7.55	2.97	4.42	1.26	3.24	4.23	5.68
	2003	8.58	7.76	3.03	4.48	1.35	3.45	4.38	5.83
	2004	8.76	7.94	3.15	4.60	1.41	3.53	4.56	6.01
	2005	8.91	8.18	3.28	4.73	1.59	3.90	4.87	6.32
	2006	9.07	8.39	3.54	4.99	1.79	4.05	5.33	6.78
	2007	9.27	8.64	4.02	5.47	3.03	4.59	7.05	8.50
	2008	9.44	8.87	4.25	5.70	3.25	4.97	7.50	8.95
	2009	9.56	9.34	4.45	5.90	3.35	5.39	7.81	9.26
	2010	9.75	9.48	4.63	6.08	3.55	5.57	8.18	9.63
	2011	9.95	9.56	4.87	6.32	3.82	5.92	8.69	10.14
	2012	10.08	9.74	5.24	6.69	4.08	6.05	9.32	10.77
	2013	10.18	9.92	5.28	6.73	4.24	6.19	9.52	10.97
	2014	10.26	10.06	5.30	6.75	4.40	6.37	9.71	11.16
	2015	10.50	10.40	5.77	7.22	4.97	6.88	10.74	12.19
	2016	10.60	10.56	5.89	7.34	4.97	6.94	10.86	12.31
	2017	10.75	10.77	6.10	7.55	5.22	7.19	11.32	12.77
贵州省	1998	6.76	5.63	1.47	2.92	0.17	2.14	1.64	3.09
	1999	6.84	5.74	1.65	3.10	0.31	2.25	1.95	3.40
	2000	6.94	5.98	1.80	3.25	0.43	2.40	2.23	3.68
	2001	7.03	6.28	2.13	3.58	0.55	2.61	2.69	4.14
	2002	7.13	6.45	2.34	3.79	0.65	2.74	2.98	4.43
	2003	7.26	6.62	2.44	3.89	0.67	2.85	3.11	4.56
	2004	7.43	6.76	2.64	4.09	0.97	2.97	3.61	5.06
	2005	7.60	6.91	2.88	4.33	1.12	3.25	3.99	5.44
	2006	7.76	7.09	3.06	4.51	1.16	3.40	4.22	5.67
	2007	7.97	7.31	3.45	4.90	2.30	3.89	5.75	7.20
	2008	8.18	7.53	3.78	5.23	2.56	4.21	6.34	7.79
	2009	8.27	7.79	3.89	5.34	2.66	4.63	6.55	8.00

续表

地区	年份	ln（gdp）	ln（inve）	ledu1	ledu2	ln（rad）	ln（heac）	ledu1r	ledu2r
贵州省	2010	8.43	8.04	4.02	5.47	2.81	4.85	6.83	8.28
	2011	8.65	8.35	4.27	5.72	3.08	5.15	7.35	8.80
	2012	8.83	8.65	4.55	6.00	3.37	5.30	7.92	9.37
	2013	9.00	8.91	4.67	6.12	3.53	5.43	8.20	9.65
	2014	9.13	9.11	4.80	6.25	3.79	5.71	8.59	10.04
	2015	9.33	9.37	5.13	6.58	4.23	6.13	9.35	10.80
	2016	9.42	9.44	5.34	6.79	4.30	6.20	9.64	11.09
	2017	9.57	9.66	5.56	7.01	4.55	6.45	10.11	11.56
云南省	1998	7.51	6.49	2.25	3.70	1.16	2.90	3.41	4.86
	1999	7.55	6.50	2.36	3.81	1.23	3.01	3.59	5.04
	2000	7.61	6.53	2.47	3.92	1.22	3.11	3.69	5.14
	2001	7.67	6.60	2.67	4.12	1.24	3.22	3.91	5.36
	2002	7.75	6.70	2.79	4.24	1.45	3.36	4.24	5.69
	2003	7.85	6.91	2.87	4.32	1.45	3.49	4.32	5.77
	2004	8.03	7.16	3.06	4.51	1.47	3.59	4.53	5.98
	2005	8.15	7.48	3.15	4.60	1.49	3.80	4.64	6.09
	2006	8.29	7.70	3.35	4.80	1.56	4.05	4.91	6.36
	2007	8.47	7.92	3.59	5.04	2.57	4.35	6.16	7.61
	2008	8.65	8.14	3.83	5.28	2.87	4.65	6.70	8.15
	2009	8.73	8.42	4.07	5.52	2.94	5.02	7.01	8.46
	2010	8.89	8.62	4.27	5.72	3.06	5.21	7.33	8.78
	2011	9.09	8.73	4.52	5.97	3.34	5.47	7.86	9.31
	2012	9.24	8.97	4.85	6.30	3.49	5.59	8.34	9.79
	2013	9.38	9.21	4.87	6.32	3.75	5.71	8.62	10.07
	2014	9.46	9.35	4.85	6.30	3.76	5.86	8.62	10.07
	2015	9.66	9.60	5.29	6.74	4.28	6.27	9.57	11.02
	2016	9.72	9.75	5.35	6.80	4.21	6.34	9.56	11.01
	2017	9.85	9.95	5.53	6.98	4.41	6.55	9.94	11.39
陕西省	1998	7.29	6.25	1.60	3.05	0.14	2.13	1.74	3.19
	1999	7.37	6.38	1.83	3.28	0.29	2.15	2.12	3.57
	2000	7.50	6.48	1.99	3.44	0.40	2.12	2.39	3.84
	2001	7.61	6.65	2.30	3.75	0.52	2.44	2.82	4.27
	2002	7.72	6.82	2.45	3.90	0.55	2.67	3.00	4.45
	2003	7.86	7.09	2.53	3.98	0.59	2.82	3.12	4.57
	2004	8.06	7.32	2.65	4.10	0.68	2.90	3.33	4.78
	2005	8.28	7.54	2.94	4.39	0.88	3.08	3.81	5.26
	2006	8.46	7.82	3.19	4.64	1.04	3.36	4.23	5.68
	2007	8.66	8.14	3.56	5.01	2.59	3.91	6.14	7.59
	2008	8.90	8.44	3.92	5.37	2.84	4.36	6.76	8.21
	2009	9.01	8.74	4.08	5.53	3.04	4.83	7.12	8.57

续表

地区	年份	ln（gdp）	ln（inve）	ledu1	ledu2	ln（rad）	ln（heac）	ledu1r	ledu2r
陕西省	2010	9.22	8.98	4.27	5.72	3.23	5.05	7.50	8.95
	2011	9.43	9.15	4.61	6.06	3.37	5.29	7.98	9.43
	2012	9.58	9.40	4.90	6.35	3.55	5.40	8.45	9.90
	2013	9.69	9.61	4.90	6.35	3.64	5.55	8.54	9.99
	2014	9.78	9.75	4.88	6.33	3.80	5.75	8.69	10.14
	2015	10.05	10.13	5.41	6.86	4.50	6.32	9.91	11.36
	2016	10.20	10.31	5.59	7.04	4.58	6.40	10.17	11.62
	2017	10.37	10.55	5.82	7.27	4.86	6.67	10.67	12.12
甘肃省	1998	6.79	5.71	1.30	2.75	0.09	1.86	1.39	2.84
	1999	6.86	5.87	1.50	2.95	0.09	1.94	1.59	3.04
	2000	6.96	5.98	1.66	3.11	0.24	2.09	1.89	3.34
	2001	7.03	6.13	1.92	3.37	0.36	2.29	2.28	3.73
	2002	7.12	6.27	2.08	3.53	0.46	2.36	2.54	3.99
	2003	7.24	6.43	2.20	3.65	0.51	2.47	2.71	4.16
	2004	7.43	6.60	2.32	3.77	0.59	2.60	2.92	4.37
	2005	7.57	6.77	2.55	4.00	0.69	2.88	3.24	4.69
	2006	7.73	6.93	2.81	4.26	0.85	3.15	3.66	5.11
	2007	7.90	7.17	3.16	4.61	1.99	3.71	5.15	6.60
	2008	8.06	7.45	3.55	5.00	2.25	4.07	5.80	7.25
	2009	8.13	7.77	3.67	5.12	2.32	4.48	5.99	7.44
	2010	8.32	8.06	3.77	5.22	2.39	4.61	6.16	7.61
	2011	8.52	8.29	3.99	5.44	2.58	4.96	6.57	8.02
	2012	8.64	8.55	4.25	5.70	2.78	5.00	7.03	8.48
	2013	8.75	8.78	4.27	5.72	2.98	5.11	7.26	8.71
	2014	8.83	8.97	4.33	5.78	3.05	5.32	7.39	8.84
	2015	9.04	9.29	4.74	6.19	3.56	5.83	8.30	9.75
	2016	9.14	9.32	4.95	6.40	3.63	5.94	8.58	10.03
	2017	9.28	9.53	5.16	6.61	3.85	6.19	9.01	10.46
新疆维吾尔自治区	1998	7.01	6.24	1.56	3.01	-0.05	2.18	1.51	2.96
	1999	7.06	6.27	1.66	3.11	-0.03	2.27	1.63	3.08
	2000	7.22	6.41	1.78	3.23	0.04	2.37	1.82	3.27
	2001	7.31	6.56	2.10	3.55	0.35	2.62	2.45	3.90
	2002	7.39	6.68	2.25	3.70	0.43	2.76	2.69	4.14
	2003	7.54	6.88	2.31	3.76	0.62	2.90	2.93	4.38
	2004	7.70	7.05	2.46	3.91	0.71	2.97	3.17	4.62
	2005	7.86	7.20	2.62	4.07	0.86	3.25	3.48	4.93
	2006	8.02	7.36	2.83	4.28	1.13	3.40	3.97	5.42
	2007	8.17	7.52	3.30	4.75	2.55	3.82	5.85	7.30
	2008	8.34	7.72	3.63	5.08	2.70	4.07	6.33	7.78
	2009	8.36	7.91	3.82	5.27	2.78	4.44	6.60	8.05

续表

地区	年份	ln（gdp）	ln（inve）	ledu1	ledu2	ln（rad）	ln（heac）	ledu1r	ledu2r
新疆维吾尔自治区	2010	8.60	8.14	4.09	5.54	3.01	4.64	7.09	8.54
	2011	8.80	8.44	4.33	5.78	3.27	4.89	7.60	9.05
	2012	8.92	8.73	4.50	5.95	3.50	4.98	8.00	9.45
	2013	9.04	8.95	4.62	6.07	3.69	5.08	8.30	9.75
	2014	9.13	9.15	4.68	6.13	3.70	5.31	8.38	9.83
	2015	9.32	9.35	5.15	6.60	4.39	5.68	9.54	10.99
	2016	9.44	9.39	5.28	6.73	4.54	5.80	9.82	11.27
	2017	9.58	9.58	5.49	6.94	4.83	6.01	10.32	11.77